WALTER LÜBECK

REIKI

guía práctica para el sendero del

AMOR CURATIVO

editorial Sirio, s.a.

Si este libro le ha interesado y desea que lo mantengamos informado de nuestras publicaciones, escríbanos indicándonos cuáles son los temas de su interés (Astrología, Autoayuda, Esoterismo, Qigong, Naturismo, Espiritualidad, Terapias Energéticas, Psicología práctica, Tradición...) y gustosamente lo complaceremos.

Puede contactar con nosotros en
comunicación@editorialsirio.com

Título original: DAS REIKI HANDBUCH
Traducido del alemán por Marie Wolhfeil-Pérez Esteban
Diseño de portada: Editorial Sirio, S.A.

© de la edición original
   1990 de Windpferd Verlagsgesellschaft mbH,
   Postfach, 8955 Aitrang

© de la presente edición

EDITORIAL SIRIO, S.A.	EDITORIAL SIRIO	ED. SIRIO ARGENTINA
C/ Panaderos, 14	Nirvana Libros S.A. de C.V.	C/ Paracas 59
29005-Málaga	Camino a Minas, 501	1275- Capital Federal
España	Bodega n° 8,	Buenos Aires
	Col. Lomas de Becerra	(Argentina)
	Del.: Alvaro Obregón	
	México D.F., 01280	

www.editorialsirio.com
E-Mail: sirio@editorialsirio.com

I.S.B.N.: 978-84-7808-440-1
Depósito Legal: B-15.425-2011

Impreso en los talleres gráficos de Romanya/Valls
Verdaguer 1, 08786-Capellades (Barcelona)

Printed in Spain

El reiki es un eficaz sistema de curación y un estímulo para el crecimiento psíquico y espiritual. Sin embargo, siempre que se sospeche que pueda haber un trastorno serio de salud, su aplicación no debe sustituir la consulta con el médico, naturópata o psicoterapeuta. La medicina natural, de la que el reiki forma parte, no pretende suplantar a la medicina ortodoxa, sino complementarla y ayudar en todos aquellos casos donde ésta no sea suficiente.

Las informaciones que doy en este manual son el fruto de cuidadosas investigaciones. Las transmito según mi leal saber y entender. No obstante, el autor y la editorial declinan toda responsabilidad ante cualquier daño que pueda resultar de la aplicación o utilización directa o indirecta de los datos contenidos en este libro.

Dedico este libro a Manu,
mi amante,
mi compañera,
mi mujer.

Agradecimientos

Doy las gracias a todos los maestros que he podido conocer directa o indirectamente, sobre todo a mis padres, mi hermano, Matthias Carstens, Horst Kosche, Renate Lorke, Wolfgang Grabowskí, Roland Gessler, Hans-Jürgen Regge, Vera Suchanek, Brigitte Müller, Phyllis Lei Furumoto, el doctor Mikao Usui, el doctor Chujiro Hayashi, Hawayo Takata, Manuela Lübeck, Cinderella, Bagheera y al mayor maestro de todos: la vida que Dios me dio.

Un deseo concreto me hizo concebir la idea de escribir este libro: contribuir a que cada vez más personas comprendan que son ellas las responsables de la vida que llevan. Cuanto más intentemos cada uno de nosotros llenar nuestras vidas de amor, verdad y conocimiento, tanto más rápido se completará el proceso de transformación de la «Nueva Era» —y Dios volverá a tener una patria en esta Tierra.

PRÓLOGO

Quisiera expresar mi especial gratitud al autor del presente libro por describir de forma fácilmente comprensible un método curativo cuyas posibilidades terapéuticas tienen mucho futuro, independientemente de los ataques, impedimentos y restricciones legislativas, padecidos por la medicina biológica en estos tiempos.

El método reiki se sustrae a todo criterio de medición y no puede explicarse mediante los razonamientos propios de las ciencias naturales. Las energías y fuerzas con las que trabaja son difíciles de comprender para nosotros, individuos modernos e instruidos que vivimos en la era de los ordenadores. La comprensión del reiki se basa en una visión amplia del mundo: no solamente es necesario admitir la existencia de los hechos científicamente comprobables, sino también la de aquellos fenómenos micro y macrocósmicos que podemos conocer a través del saber esotérico. Quien tenga el espíritu abierto sabrá que hay una multitud de fuerzas inexplicables e imposibles de comprender que influyen sobre nuestras emociones, nuestras conductas y el estado de salud de nuestro cuerpo.

Todo ser humano es capaz de trabajar con el reiki. Ahora bien: para poder aplicarlo —ya sea sobre nosotros mismos o sobre los demás— es necesario que se hayan abierto determinadas partes de nuestro cuerpo y de nuestra alma. Son los maestros del reiki, formados en la tradición de este arte curativo, quienes realizan en nosotros esta apertura durante la ceremonia de iniciación.

El reiki, de la misma manera que cualquier otra medida terapéutica, puede provocar efectos secundarios. Por ello es preciso conocer a fondo el método y sus aplicaciones prácticas, conocimientos que transmiten los maestros reiki en sus cursos preparatorios. Este libro nos ayudará a comprenderlos mejor y nos inducirá a emplearlos con mayor responsabilidad.

El reiki será cada vez más importante, sobre todo porque no puede causar ningún daño duradero. Es un método que perfecciona y enriquece a la medicina biológica, y mucho más en estos tiempos, cuando es de temer que nuevas leyes restrinjan aún más el campo de acción de las medicinas naturales.

Lo que valoro especialmente en este libro es la información sobre las posibles combinaciones del reiki con los medicamentos biológicos —los extractos vegetales, los preparados homeopáticos, las sales de Schüssler y los redescubiertos remedios espagíricos—. La acción conjunta de la energía reiki y de los fármacos naturales, algunos de los cuales son conocidos desde la antigüedad, aumenta de manera notable el efecto terapéutico, acelerando simultáneamente el proceso curativo.

Que este libro les sirva de ayuda a todos aquellos que, conscientes de su responsabilidad y llenos de respeto por el ser humano, andan buscando nuevos caminos para curar los cuerpos y las almas.

Hannover, abril de 1990
Horst Kosche, presidente de la
Sociedad Alemana para la
Medicina Alternativa

Mi encuentro con el
REIKI
y mi evolución posterior

Quizás lo primero que debería hacer es narrar cómo fue mi encuentro con el reiki y qué significado tiene para mí trabajar con la energía vital universal. Mi experiencia personal puede servir para que el lector entienda mejor lo que es el fenómeno en sí.

Mis primeros contactos con la medicina natural y, por añadidura, con el reiki, se debieron a ciertos problemas personales que ni yo ni la medicina tradicional acertábamos a resolver. Mi estado de salud era muy delicado. Por la mañana me sentía sin fuerzas, sobrellevaba los días a base de café y cuando volvía a casa por la noche me hallaba exhausto.

Consulté a tres médicos cuyos diagnósticos coincidieron: no me pasaba nada, o al menos ellos no detectaban nada; los síntomas eran simplemente una advertencia de que estaba empezando a envejecer (todavía no había cumplido los veintiséis años...).

Tras algunos intentos más, completamente inútiles, acudí a un naturópata, Horst Kosche, con el que tuve la primera oportunidad de comprobar cómo se aplica la medicina natural de una manera seria. El doctor Kosche, después de analizar mi sangre y de examinarme el iris detenidamente, descubrió la causa de mis problemas: un trastorno metabólico. Me recetó un tratamiento adecuado y me curó. Mientras duró el tratamiento pude dialogar con él y con su mujer, Sabine, en múltiples ocasiones. Aquellas conversaciones contribuyeron decisivamente a cambiar mis ideas acerca de mí mismo y de mi salud, por lo que empecé a considerar las cosas con una perspectiva integral.

Un día reparé en un diploma que colgaba de la pared de su despacho y que acreditaba su iniciación en el 1er grado del reiki. En esa época, términos como acupuntura, quiropráctica, homeopatía, etc., ya me resultaban familiares, pero el reiki... ¿Qué era el reiki? Pregunté y me animaron a participar en un seminario que iba a celebrarse muy pronto en la consulta. Decidí asistir. Así fue como, cierto viernes por la tarde, junto con mi entonces compañera y actual esposa, Manu, me presenté en el seminario.

Encontré a unas veinte personas. Algunas me parecieron de lo más exótico. La más extraña —su ropa era toda de color violeta— resultó ser la maestra de reiki Brigitte Müller. He de decir que su imagen no tenía la más mínima semejanza con lo que yo imaginaba que debía de ser una persona que pretende impartir un curso.

El seminario no careció de interés; aprendí muchas cosas que ignoraba. Un zahorí nos contó sus experiencias, y nos puso al corriente de las posibilidades que ofrece la radiestesia; me enteré de que muy pronto iba a tener lugar un seminario sobre la doctrina «Huna», y una joven nos habló de su labor como sanadora espiritual.

Yo no estaba demasiado familiarizado con la forma en que los participantes se relacionaban entre sí: el trato era cordial, afectuoso, espontáneo, y todos, hombres incluidos, se abrazaban los unos a los otros a modo de saludo.

Las ceremonias iniciáticas no me produjeron ninguna sensación extraordinaria; lo único que notaba era un ligero zumbido cada vez que Brigitte me imponía las manos. Esperaba bastante más, así que me sentí algo decepcionado. Los demás experimentaban más sensaciones, como hormigueos en las manos, etc. Confuso y desilusionado, regresé a casa provisto de mi diploma. «Ha sido interesante —pensé—, sobre todo por la gente tan rara que he podido conocer, pero por lo demás, ¡qué fin de semana tan caro!»

A la mañana siguiente, mientras me dirigía al trabajo en mi automóvil, experimenté sensaciones muy raras. Cada vez que tocaba algo, mis manos captaban percepciones extrañas. Primero, una especie de hormigueo similar al que decían sentir mis compañeros de seminario, y más tarde, algo de lo que no sabría decir si era fluido o tenso. Al mantener el contacto, el hormigueo me ascendía por los brazos y se instalaba en los hombros, que me daban la sensación de estar como dormidos. ¡Algo había sucedido durante el fin de semana!

Me llevé otra sorpresa parecida cuando asistí a una reunión de un grupo de autoconocimiento en el que estaba integrado desde hacía algún tiempo. Yo siempre había tenido dificultades para entablar relaciones más o menos cálidas y sinceras con otras personas, pero he aquí que de pronto me sorprendí a mí mismo abrazando y consolando a una mujer que había empezado a llorar. Antes de participar en el seminario, habría necesitado reflexionar largamente sobre qué actitud convendría adoptar en un caso así, pero ahora era capaz de reaccionar de una manera espontánea y de darles vía libre a mis sentimientos.

Durante los meses siguientes trabajé mucho con el reiki. Con frecuencia, mi mujer y yo nos regalábamos mutuamente una sesión. Queríamos compartir la bella experiencia del dar y el recibir. No obstante, pese a mi continuo contacto con el reiki y pese a que sus efectos eran palpables en mi vida, necesitaba comprobar una y otra vez que la energía vital existía efectivamente, que la fuerza fluía de un modo real cada vez que colocaba las manos sobre algo.

Mis dudas se desvanecieron de una forma definitiva a raíz de lo que voy a relatar seguidamente. Un día, Manu sintió unos dolores abdominales tan intensos que apenas podía moverse. El médico, tras reconocerla y analizar un sedimento de sus glóbulos rojos, le diagnosticó una ovaritis aguda. No hacía más de un año que Manu, a causa de una infección similar, había estado internada durante semanas en un hospital, y ahora tenía que tomar antibióticos otra vez y volver a operarse. Y por si esto fuera poco, faltaban escasos días para el comienzo de nuestras vacaciones.

Un día antes de que Manu acudiera al ginecólogo que debía prescribir su ingreso en el hospital, tratamos de mejorar su estado por medio del reiki. Como es natural, no conseguimos prácticamente nada. Desesperados, recordamos algo que había mencionado nuestra maestra, Brigitte Müller, durante el seminario: que los iniciados en el 2º grado eran capaces de aumentar la potencia de la fuerza vital y de tratar a la gente a distancia, es decir, sin que mediara contacto físico alguno. No conocíamos a nadie más que poseyera el 2º grado, así que la llamamos y le rogamos que tratara a Manu aquella misma noche. Mi mujer se echó en la cama a la hora convenida. Yo también le impuse mis manos sobre el vientre, con el fin de aumentar el efecto. Durante los primeros cinco minutos no notamos nada, pero de repente la energía me inundó como una ola, ascendió por mis brazos y llegó hasta mi corazón. Manu sintió un intenso calor: la fuerza vital estaba fluyendo a través de ella con una fuerza inusitada. Tres cuartos de hora más tarde, dimos la sesión por terminada y nos acostamos.

Cuando salí de casa por la mañana, mi mujer dormía aún. Hablamos por teléfono a mediodía y la encontré eufórica: no había sentido dolores desde que se levantó, y podía andar sin ningún problema. Pero eso no era todo: el examen ginecológico no había revelado la existencia de ninguna anomalía. Era evidente que la infección se había curado por completo de un día para otro.

Pasamos unas hermosas y tranquilas vacaciones en Francia. Decidimos iniciarnos en el 2º grado a la primera ocasión que se nos presentase. La energía vital universal iba a convertirse en una parte esencial de nuestras vidas.

A partir de entonces sucedieron muchas cosas. Pudimos comprobar la eficacia de la fuerza reiki en numerosas ocasiones, tanto en nosotros mismos como en los demás. Nuestra salud se robusteció bastante. Imponer las manos se fue convirtiendo para nosotros en algo completamente natural, y dejamos de plantearnos si funcionaría o no cada vez que lo intentábamos. Nuestro interés se desplazó hacia otro proceso igualmente intenso e importante: nuestra evolución personal.

Pasado un tiempo quise convertirme en maestro reiki. Deseaba contribuir a la difusión de ese bello conocimiento que tanto nos había ayudado, y me entrené durante un año entero bajo la dirección de Brigitte Müller, que había sido autorizada por la gran maestra Phyllis Furumoto para otorgar el rango de maestro a otras personas.

Mi formación no fue como yo me había imaginado. Mis ideas acerca de lo que debía ser un maestro eran bastante rígidas. Brigitte me hizo comprender que no existía ningún «maestro ideal», que yo debía explorar mis posibilidades internas, encontrar mi propio camino. Naturalmente, ella me ayudó muchísimo en esa búsqueda, sobre todo con su actitud: nunca retrocedía ante los problemas, ejercía su magisterio sin hacer concesiones.

Pese a que Brigitte insistía siempre en que no había que seguir ningún modelo, yo me serví de su ejemplo, aunque actualmente nuestras respectivas formas de enseñar reiki son diferentes (no mejores ni peores, sino únicamente diferentes).

A medida que avanzaba por el camino de la autorrealización, me iba desprendiendo de los ejemplos y de las proyecciones. Desarrollé mis propias ideas acerca de las iniciaciones. Cuando una persona se inicia en el reiki, se desencadenan en ella una serie de procesos curativos y de crecimiento. Dado que cada uno tiene unos problemas y unos síntomas patológicos característicos, hemos de crecer y desarrollarnos de una manera absolutamente personal, según un ritmo propio. Quiero decir con esto que el hecho de poseer, por ejemplo, el 2º grado iniciático no implica que necesariamente el individuo esté más «sano» o sea más «sabio» que otro que sólo posea el 1er grado.

No hay ninguna razón para pensar que un maestro reiki posea un mayor nivel evolutivo que alguien del 1er o del 2º grado, o que otra persona que desconozca la existencia de la energía vital universal. ¡Hay tantos caminos para crecer! El reiki sólo es una vía entre otras muchas —muy efectiva y hermosa, desde luego—, uno de tantos senderos que los hombres, con la ayuda de Dios, han ido trazando a lo largo del tiempo.

Ésa es la idea que siempre intento transmitir en mis seminarios, porque me parece muy importante que nos aceptemos tal como somos, que no nos dejemos engañar por las apariencias, que nuestra autoestima no dependa de diplomas ni de grados.

El reiki puede contribuir enormemente al éxito de cualquier método curativo, puede ayudarte a encontrarte a ti mismo y a crecer, pero no es el crecimiento mismo, ni la autorrealización, ni la vida. No es más que un instrumento que nos acerca a esos objetivos. Nos ayuda a vivir y a comprender, sí, pero no puede emplearse como un sucedáneo de la experiencia ni de las relaciones con los demás. Cierta persona sabia dijo una vez que no es posible alcanzar la iluminación mediante la acción únicamente, por ejemplo siguiendo una dieta especial, practicando determinados ejercicios, meditando, etc. Los seres humanos estamos en el mundo para vivir, y no solamente para meditar, administrarnos el reiki o pensar en la manera de alcanzar el nirvana. La iluminación es un regalo que nos será dado después de conocer muchas cosas y de vivir con intensidad, cuando hayamos alcanzado una madurez integral y estemos realmente preparados para ello.

Con este libro hago realidad una aspiración muy antigua. Desde que me convertí en un canal reiki no he cesado de plantearme toda clase de preguntas. Las respuestas he tenido que hallarlas por mí mismo. Estas páginas reflejan todo lo que he aprendido en los libros y en los seminarios, todas aquellas conclusiones que he ido sacando de la experiencia y del intercambio con los demás.

Cuando me di cuenta de que mis explicaciones provocaban el interés de la gente, concebí la idea de organizar seminarios y cursos sobre el reiki-do, «el camino del amor curativo». Más adelante, tras obtener el magisterio, empecé a redactar un curso avanzado. De ese curso ha surgido este manual. Espero que contenga las respuestas a todas esas preguntas que no pueden ser contestadas en los seminarios por falta de tiempo. Quisiera que me comunicarais vuestras ideas, con objeto de mejorar y ampliar este trabajo.

El libro va dirigido tanto a los hombres como a las mujeres. Algunos pensarán que debería haber empleado fórmulas como «él/ella», «el/la paciente», etc., pero creo que semejante procedimiento sólo serviría para dificultar la comprensión del texto. Como yo soy un hombre, he optado por utilizar el género masculino, de la misma manera que una mujer quizás habría preferido usar exclusivamente el femenino.

Te deseo que encuentres amor y luz en tu camino.

Walter Lübeck

Introducción

Comenzaré diciendo que no escribí estas páginas solamente para un círculo de elegidos o de «expertos», sino para todos vosotros. Estoy convencido de que un manual de reiki puede aportarle mucho a cualquier lector. Lo que cada uno encuentre en él dependerá de su situación personal.

Los lectores que aún no se hayan iniciado podrán tener acceso a una información muy detallada acerca de las posibilidades y las limitaciones del reiki (la transmisión de la energía vital universal a través de las manos). Gran parte de las aplicaciones de esta sublime fuerza pueden ponerse en práctica sin haber pasado por la iniciación. Estoy pensando concretamente en los ejemplos prácticos de los capítulos 9, 10 y 11. Todos aquellos que se interesen por los métodos de curación energética encontrarán valiosas indicaciones en los ejercicios e instrucciones referentes al trabajo con los chakras. Quienes se hayan iniciado ya podrán utilizar la información como una base para su trabajo práctico.

Los dos días de duración de un seminario no suelen ser suficientes para adquirir una visión clara de las numerosas aplicaciones del reiki. Puedes curarte a ti mismo o curar a otros, meditar solo o en grupo, trabajar con gemas, transformarte, impulsar tu evolución personal, practicar la aromaterapia, descubrir otros niveles energéticos, resolver problemas kármicos, etc. Es un maravilloso punto de partida para todo viaje hacia «sí mismo».

Este manual contiene numerosas sugerencias prácticas, concebidas con la idea de que puedas entablar una relación cada vez más profunda con la fuerza vital. ¡Mi mayor deseo es que te acompañe en tu viaje hacia ti mismo! Espero igualmente que estas páginas les resulten muy útiles a todos los terapeutas profesionales, que puedan utilizarlas como un complemento en su trabajo.

Quien emplea frecuentemente la energía reiki se adentra por el camino del reiki-do, por el «camino del amor curativo». Mucha gente aún no ha oído hablar de esta simple y poderosa herramienta de transformación. El «manual de reiki» aspira a llenar ese vacío.

¿Cómo utilizar este libro?

He estructurado cuidadosamente todo lo que sigue, con la idea de que aquellos que sólo deseen echar un vistazo somero a las aplicaciones del reiki puedan utilizar cada capítulo por separado. Ahora bien, quienes pretendan emplearlo como una terapia, o para complementar su trabajo terapéutico, deberán estudiar el texto de un manera exhaustiva. Obviamente, esto no quiere decir que hayas de seguir estrictamente el orden propuesto. En cualquier caso, no olvides que ciertos capítulos son complementarios y que, por lo tanto, deberían estudiarse conjuntamente.

El capítulo 12 es especialmente importante para todos aquellos que deseen emplear profesionalmente las técnicas del reiki, porque contiene informaciones básicas tendentes a armonizar el trabajo reiki con los eventuales tratamientos médicos seguidos por los pacientes.

Quienes estén pensando en usos eminentemente «domésticos» encontrarán importantes indicaciones en el capítulo dedicado al tratamiento integral y en el índice terapéutico. Este último es particularmente eficaz para curar lo que podríamos denominar nuestras «heridas» cotidianas.

A quienes deseen adentrarse con el reiki por el «sendero del amor curativo», les recomiendo que lean repetidamente los párrafos que más les interesen, y que hagan una y otra vez aquellos ejercicios que más les apetezcan. Ésa es la mejor forma de mantener en todo momento el contacto con la fuerza vital. La energía reiki debe ser percibida con asiduidad, sin obligarse a nada, de la manera más placentera posible. El reiki es energía vital, amor curativo, no una camisa de fuerza.

Pásatelo bien leyendo y experimentando con este libro.

Capítulo 1

REIKI-DO:
el camino del
amor curativo

La palabra «reiki» es una voz japonesa que se refiere a la «energía vital universal», a esa fuerza divina de la que surge la vida. El término *do* procede igualmente del japonés, y tiene el mismo significado que el concepto chino de *Tao* (en español: «camino»). Los japoneses añaden la voz *do* a diversos conceptos, con el fin de señalar que la actividad descrita puede ser, al mismo tiempo, un camino, una forma de vida destinada a favorecer la evolución personal del que la practica y a armonizarlo con los ritmos del universo. Ejemplos conocidos en Occidente son el ju-do, el bushi-do, el aiki-do y el ken-do.

En mi caso, el trabajo reiki se ha convertido en uno de estos caminos. Poco a poco he sido consciente de sus peculiaridades y las he agrupado en un sistema armónico al que denomino reiki-do.

El reiki-do incluye, entre otros conceptos, el sistema tradicional del reiki, esto es, el sistema Usui. Este nombre proviene de un teólogo japonés, el doctor Mikao Usui, quien, tras muchos años de intensa búsqueda en los manuscritos de un discípulo de Gautama Buda, pudo desempolvar este olvidado arte curativo. El episodio tuvo lugar en un monasterio budista, a finales del siglo XIX. Mikao Usui, después de leer los manuscritos, meditó y ayunó durante veintiún días, y Dios le concedió la iniciación. Desde entonces, el doctor Usui adquirió la capacidad de transmitir la energía reiki y de convertir a otras personas en canales de ésta. El reiki, más tarde, penetró en Occidente a través de los herederos espirituales de Mikao Usui, los grandes maestros el doctor Chujiro Hayashi, Hawayo Takata y Phyllis Lei Furumoto. La historia del reiki contemporáneo se halla bellamente contada en los libros de Baginski, Sharamon y Paula Horan.

Los ritos tradicionales de iniciación del sistema Usui, sus símbolos y sus métodos constituyen la base imprescindible del reiki-do. Encontré, igualmente, abundantes aclaraciones e ideas prácticas en el viejo sistema chino de adivinación denominado *I Ching*, en la doctrina de los chakras y en las artes marciales asiáticas. Habría que añadir también la antigua doctrina *Huna*, originaria de la Polinesia.

Antes de entrar en detalles quisiera adelantar algunas informaciones básicas acerca del «porqué» y del «cómo» del reiki-do.

En un libro, claro está, no es posible transmitir completamente una experiencia. De hecho, los seminarios que imparto habitualmente pretenden corregir esa carencia. Pese a todo, creo que este manual puede prestar un servicio muy valioso, porque siempre será posible consultarlo y extraer de él cuantas sugerencias necesitemos para realizar nuevos descubrimientos.

La esencia del reiki es el amor, esa vibración divina que emite alegría y vida y que lo abarca todo. A muchas personas les resulta difícil entender esta forma aparentemente abstracta de captar el reiki; incluso quienes afirman estar en contacto con ese amor omniabarcante a menudo se engañan a sí mismos. No sé si es suficiente una sola vida para comprender realmente el amor y para abrirse a él en todos los sentidos. En cualquier caso, lo que sí está claro es que una vez que estemos abiertos al amor, el reiki se encargará de acercarnos a él constantemente.

Cada uno ha de recorrer su propio camino hacia Dios, o lo que es igual, hacia el amor. A la hora de crear ese camino, es necesario disponer de métodos y opciones concretos. Aquí encontrarás algunos de los caminos que yo emprendí y que me resultaron útiles.

En primer lugar hallarás una introducción orientativa de las posibilidades inherentes al reiki-do, así como mis ideas acerca de sus fundamentos teóricos. Naturalmente, tales ideas son el resultado de mi visión personal, y por eso mismo están teñidas por el color de «mis gafas». Me alegraría mucho que llegues a desarrollar tu propia visión, porque ésa sería la mejor prueba de que el reiki está vivo.

Antes de profundizar en las aplicaciones prácticas del reiki-do, quisiera suministrarte alguna información sobre el modo de actuar propiamente dicho de la energía reiki. La fuerza vital es la más alta vibración energética de la que puede disponer el ser humano y, por lo tanto, no es positiva ni negativa. Al poseer una propiedad divina, no excluye nada. Nos pone en contacto con los impulsos vitales del mundo, transmitiéndonos la sensación de ser uno con el todo. Todos los problemas humanos y los trastornos de la salud se deben, en el fondo, a la sensación de estar «separado» del mundo.

Para escapar de esta sensación de soledad los seres humanos basan sus esperanzas en el hecho de formar parte de una comunidad. Algunos intentan conseguir seguridad y amor a través del poder; se creen obligados a cambiar la estructura del mundo para que éste se ocupe de ellos y satisfaga sus necesidades. En consecuencia, han de estar constantemente alerta para que nadie haga fracasar sus esfuerzos. Semejante nivel de conciencia está muy alejado de Dios. Otros creen que antes de ser merecedores del amor y la seguridad divina han de saldar una deuda, y ponen en ello todo su esfuerzo. Pero no lo logran jamás, porque su culpa no es más que una ficción. A estas personas, lo mejor que puede sucederles es que una experiencia determinada les demuestre que están libres de toda culpa. Sólo entonces se sentirán capaces de percibir realmente a ese Dios que siempre estuvo a su lado, esperándolos. Las sesiones de reiki constituyen una experiencia de este tipo. En ellas se establece un contacto directo con la energía divina, y Dios se hace más fácilmente perceptible. También hay quienes están firmemente convencidos de que el camino hacia Dios implica rechazar toda clase de diversiones y placeres; son aquellos que piensan que para «evolucionar» han de renunciar a jugar, a comer, a beber, a bailar, a las fiestas, al erotismo y al sexo. Pero negar o reprimir cualquier placer... ¿no equivale a convertirse en un autómata?, ¿no nos alejaría eso aún más de Dios, que es la personificación de la alegría de vivir y del amor?

Todas estas estrategias vitales tienen una misma raíz: la impresión ilusoria de estar separado de lo divino. Bajo el peso de esta ficción, el ser humano se convence de que de ninguna manera puede orientar su vida hacia el placer, de que no tiene el más mínimo derecho a ser feliz, y cuando tropieza con un obstáculo lo interpreta como un incentivo para ser aún más duro consigo mismo y para imponerse todavía más deberes de los que ya tiene.

¿Cómo se ven afectadas estas estrategias vitales cuando los individuos aceptan la fuerza reiki y se dejan penetrar realmente por ella?

En los seminarios de 1er grado (introducción al sistema Usui) se observa una y otra vez el mismo fenómeno: la primera noche, los asistentes llegan al curso llenos de escepticismo. Hablan poco entre ellos y no permiten que sus emociones se manifiesten. Son como suelen ser casi siempre —entes aislados del resto del mundo—. Pero en cuanto entran en contacto por primera vez con la fuerza vital, comienzan a hablarse y se esbozan en sus rostros las primeras sonrisas. Con cada armonización va escapándose cada vez más su reserva, percibiendo su nueva vitalidad. Al finalizar el curso, todos se comportan entre sí como amigos íntimos. No tienen pudor a la hora de mostrar sus sentimientos, se abrazan, se interesan por las vidas de los demás, se encuentran a sí mismos. Casi nunca faltan los que rompen a llorar cuando comprenden que siempre han estado aislados y que ese aislamiento se ha desvanecido de repente a causa de las sensaciones de amor y de unidad que acaban de experimentar.

Existe una regla básica en el reiki: ha de ser el receptor quien, subconscientemente, decida si desea o no absorber la energía universal y la cantidad que quiere recibir. La fuerza reiki no ejerce ninguna presión sobre el individuo, sino que es absorbida libremente; sus efectos se adaptan a las necesidades individuales de cada ser. La energía universal respeta la libertad personal del ser humano: cuando nos aislamos no interviene, y cuando nos abrimos a ella nos brinda su ayuda.

Todo ser vivo participa de lo divino, esto es, lleva en su interior una parte de aquello que, en definitiva, le confiere la vida. Cada cual es Dios de algún modo, porque nuestro núcleo más íntimo es divino. Ahora bien, la libertad de decisión es una parte importante de la divinidad. Reconocer y vivir la propia libertad constituye un paso crucial en el desarrollo de cada persona. El hecho de aceptar que uno es libre para moldear su propia vida significa que simultáneamente está aceptando su propia personalidad. Cuando somos capaces de aceptarnos a nosotros mismos, automáticamente adquirimos seguridad e integridad en nuestro trato con otras personas, y sobre todo en nuestro contacto con Dios.

El encuentro con Dios de un hombre libre ha de ser abierto y auténtico. Ningún hombre libre necesita humillarse, ni mendigar la gracia divina. Cuando nuestra personalidad está anclada en la libertad, respetamos la individualidad de los demás y nuestras relaciones transcurren por un cauce adecuado. En ningún caso debemos escondernos por temor a que nuestros congéneres descubran nuestro verdadero rostro.

El trabajo reiki se realiza desde el primer momento sobre la base del respeto hacia el otro. De cualquier forma, el reiki no nos permite proceder de otra manera, ya que con la energía universal no es posible ninguna clase de «violación terapéutica». A veces, durante el tratamiento, nuestras emociones reprimidas ascienden a la superficie de la conciencia en forma de descargas violentas que nos ayudan a recobrar el equilibrio. Quien nunca haya experimentado estos estallidos puede llegar a asustarse, pero es imposible que el tratamiento reiki pueda lesionar a nadie.

Las personas que están en contacto frecuentemente con la energía reiki desarrollan con mucha rapidez una dinámica vital propia. El «destino» les asesta menos «golpes», como pueden ser enfermedades y accidentes inesperados, porque el reiki les ayuda a potenciar su personalidad desde dentro, liberándolos de presiones externas. Su vitalidad se expresa cada día de un modo más variado y armónico. Sus viejos bloqueos se disuelven sin que lleguen a formarse otros nuevos. El contacto asiduo con la energía reiki fomenta la creatividad y la expresión activa de sí mismo. No es el miedo lo que nos motiva, sino la alegría. El placer se revela como un incentivo para la creatividad. Nos liberamos más fácilmente de las conductas rígidas y somos capaces de crear vínculos nuevos y más saludables con los demás. Es posible que inicialmente una reestructuración tan sustancial provoque ansiedad y temor. Tendremos que hacer un esfuerzo para llenar de vida los nuevos espacios. No obstante, con la ayuda de la fuerza reiki podremos hacerlo. Antes de entrar en contacto con esta energía, a muchas personas les parece tan improbable la idea de alcanzar esa nueva vitalidad que ni siguiera llegan a planteárselo.

Este breve resumen da una idea del efecto que la energía reiki ejerce sobre nuestro estado psíquico. En lo que se refiere a nuestro estado físico, a nuestros órganos físicos, los efectos son similares. La energía vital universal relaja aquellas partes del cuerpo donde se le permite penetrar. La tensión implica miedo y agresividad. Al derramarse el amor, la lucha y las convulsiones se acaban. Ésta es la causa de que las infecciones agudas se atenúen tan rápidamente con el reiki. Dichas infecciones son los síntomas de una lucha ineludible: la vida se defiende frente a los intentos de bloquearla. Con el tratamiento reiki se abren nuevos caminos armónicos para las energías involucradas en el combate, la confrontación pierde su razón de ser y los bloqueos se disuelven de una manera fluida.

Tras la relajación tiene lugar una estimulación del metabolismo, provocada por la nueva vitalidad del organismo. De repente, los mecanismos de desintoxicación comienzan a funcionar mejor, se eliminan las antiguas impurezas y se evita la acumulación de otras nuevas. A medida que avanza el tratamiento, aumentan las partes del cuerpo capaces de abrirse a la energía vital. Cuanto mayor sea la purificación de los canales orgánicos del cuerpo sutil, más vigorosamente reaccionará el individuo frente a los estímulos del entorno. A medida que se van disolviendo los bloqueos que restringen nuestras facultades perceptivas, iremos percibiendo la realidad de un modo más integral, las energías prisioneras podrán fluir libremente y sentiremos una mayor vitalidad. En general, todos nuestros mecanismos de protección tanto física como psíquica funcionarán mejor: el aura, el sistema inmunológico, las percepciones epidérmicas, etc. Para lograr todo esto sólo se requieren dos premisas: primera, abrirse a la fuerza reiki mediante la iniciación tradicional y, segunda, aplicarla con frecuencia.

Muchas personas rechazan los seminarios de reiki porque no comprenden de qué se trata. Por esta razón, es muy importante encontrar las palabras adecuadas para cada una de ellas, palabras que realmente les aporten algo y las conmuevan interiormente. Todos los seres humanos aspiramos a sentirnos unidos con lo que nos rodea y a alcanzar el amor, pero cada uno posee una forma distinta de expresar esa necesidad fundamental. Uno dirá que desea curarse, otro que quiere aproximarse a Dios, y un tercero que lo que pretende es experimentar el *samadhi*. En el fondo, todo viene a ser lo mismo, la misma necesidad expresándose de modos diferentes. El maestro de reiki deberá ser capaz de describir su experiencia de una manera comprensible para todos, de tal forma que incluso aquellos que no formen parte de los «círculos espirituales» puedan entenderlo. Esto es difícil, desde luego, pero así se facilitaría el acceso al reiki de muchas personas.

La asistencia a un seminario no garantiza que posteriormente los participantes apliquen lo que han aprendido. La duración de los seminarios resulta insuficiente para captar las numerosas posibilidades del reiki. Muchos carecen de la información previa necesaria para, una vez finalizado, poder experimentar a solas con la fuerza reiki. ¿A quién se le ocurriría trabajar con sus chakras si ignora lo que son y cómo funcionan? En los círculos esotéricos he oído decir a veces que para aplicar mi método de ampliación de la conciencia es imprescindible poseer cierta madurez, cierto grado de evolución. Según algunos, si no se practica lo aprendido es porque no se está «maduro» para ello. Pero mi experiencia desmiente esta idea. Lo único que les falta a esas personas supuestamente inmaduras es una clave individual que despierte su curiosidad y su deseo de aprender.

Hoy en día pretendemos comprenderlo todo a través del intelecto. Aquello que se resiste a ser aprehendido intelectualmente suele asustarnos al principio, o aburrirnos, porque no sabemos qué hacer con ello. Casi todas las personas, en primer lugar, necesitan que se les digan las cosas de un modo que les resulte inteligible, que les ayude a orientarse y que constituya una especie de base para posteriores avances. Ha de ser algo parecido a lo que ocurre en el tradicional arte «marcial» denominado Tai Chi, en el que primero se practica una determinada secuencia de movimientos con el objeto de que el alumno se familiarice con sus principios, y más tarde se fomenta la libre expresión personal, siempre dentro de las leyes universales del movimiento y en el marco de la interacción dinámica entre el yin y el yang. En el reiki-do, en el camino del amor curativo, los profesores deben seguir una estrategia similar con las personas que participen en los seminarios.

El sistema del Reiki-do

Para ilustrar el efecto del reiki ideé la figura número 1. La mónada yin-yang simboliza el flujo eterno de la energía vital, que fluye sin descanso de un polo al otro, permutando su cualidad en el mismo acto de fluir. Así se crean las condiciones para el retorno del movimiento. Este ritmo cósmico ejerce su influjo sobre la vida humana, lo cual está representado por el canal energético que surge del centro de la mónada. En cuanto la energía penetra en la vida de las personas (centro del «ocho horizontal» o lemniscata), se pone en marcha un proceso de crecimiento. El lado izquierdo de la lemniscata es el polo yin, el polo material, el que proporciona la forma, y el lado derecho es el polo yang, símbolo del estado inmaterial, libre y espontáneo, del proceso vital. En el lado yang el hombre es consciente de su libertad y de sus posibilidades, está lleno de confianza en sí mismo, busca nuevas situaciones con objeto de acumular experiencia y medir sus fuerzas. Concibe nuevas ideas y hace planes para el futuro. Posteriormente empieza a realizar sus proyectos, pero dado que los recursos y el espacio del mundo son limitados y él aún no es consciente de la porción que le

Figura 1. Experiencia/idea. La vida es un intercambio
constante entre el yin y el yang

corresponde, no puede evitar el conflicto con otras personas que también están persiguiendo la realización de sus propios proyectos. Cuanto más grande es su impulso, cuanto más intenso es su esfuerzo, mayores son los obstáculos que surgen ante él. Las frustraciones que le produce el mundo exterior originan bloqueos físicos y psíquicos. Entonces, el individuo enferma, pierde fuerza, se desalienta. Si en esos momentos se da cuenta de que ninguno de sus esfuerzos se verá coronado por el éxito, buscará desesperadamente una salida al laberinto de sus miserias.

Llegará el momento en que reconozca que la solución a sus problemas no se encuentra en el mundo externo. Entonces se volverá introspectivo y buscará en su interior. Cuanto más empeño ponga en identificar las causas internas de sus problemas y en eliminarlas, más crecerá su vitalidad. Concebirá nuevas ideas y desarrollará nuevas capacidades. De este modo, habrá puesto término a sus experiencias en el polo yin de la figura y entrará de nuevo en el polo yang, pero esta vez en un nivel superior, pertrechado con un caudal de nuevos conocimientos y facultades. Si tuviera que enfrentarse de nuevo a las mismas experiencias, sus reacciones serían mucho más autónomas. Pero las experiencias no se repiten, el reloj nunca retrocede. Vuelve a sumergirse en nuevos planes y proyectos, se encuentra en el centro de la siguiente curva yang, que le enfrentará a otros retos. Ha comenzado un nuevo ciclo vital...

Ésa es la ley de la evolución, la ley del progreso a través de la confrontación de la vida con las limitadas posibilidades de la materia inerte. Nosotros no podemos cambiarla esencialmente. Pero lo que sí podemos hacer es influir sobre la extensión de las curvas yin-yang. Cuanto más conscientes, vivos y sensibles nos mostremos en el proceso de aprendizaje, menor será la oposición que tengamos que vencer y más constructivo resultará nuestro diálogo con todo aquello que dificulta el despliegue de nuestra energía vital. Seremos como los maestros del aiki-do, que captan los impulsos agresivos de sus oponentes y saben utilizarlos en beneficio propio. La idea y su materialización se alternan armónicamente, sin interrupciones. Incentivos tan burdos como las enfermedades graves, los accidentes y otros golpes del destino dejan de ser absolutamente necesarios para que el individuo inicie su proceso evolutivo. Un aprendizaje de esta índole requiere que seamos capaces de liberarnos de esos bloqueos que limitan nuestra sensibilidad y nuestra capacidad de reacción. El reiki, debido a su acción relajante, crea las mejores condiciones para ello.

Tres son las opciones fundamentales que nos ofrece el reiki-do cuando queremos emplearlo como medio de evolución: el reiki-do interno, el externo y el sinérgico. Pueden utilizarse por separado o simultáneamente, de una manera sinérgica, como se desprende de la misma palabra. Lo que en cada caso particular determina la opción más idónea son nuestras predisposiciones psicomentales.

El reiki-do interno se basa en las técnicas de meditación reiki descritas en el capítulo 11. Incluye también meditaciones con piedras preciosas, perfumes y sonidos, que son elementos que implican una experiencia corporal placentera y sensual. Este tipo de reiki-do tiene como eje el principio del placer y no se dirige tanto hacia la consecución de unas metas determinadas. Su método principal es el tratamiento integral. Este camino es muy apropiado para los introvertidos, para todos aquellos que gozan con las experiencias de concienciación interior. El reiki-do interno es una vía de tipo místico. Cuando la seguimos durante un periodo prolongado, nuestra conciencia se expande, crece nuestro dinamismo, nos sentimos llenos de vida. Los capítulos 4, 9, 10, 11 y 13 te proporcionarán valiosos estímulos relacionados con esta opción.

El reiki-do externo se refiere esencialmente a las aplicaciones específicas de la fuerza reiki. Los individuos orientados hacia el éxito y la consecución de metas, esto es, las personas más bien extrovertidas, necesitan «obtener resultados». El trabajo reiki con los chakras, la utilización de piedras preciosas, perfumes, sonidos y otros métodos complementarios les permitirán ocuparse puntualmente de sus problemas, disolver sus bloqueos y celebrar los resultados alcanzados. Podrán observar los ritmos de la vida, las leyes eternas de la evolución tal como figuran, por ejemplo, en el *I Ching*, ese antiquísimo y sabio libro chino. Sus observaciones les servirán para hacerse conscientes de sus posibilidades y para determinar cuál es el lugar de partida para planificar su evolución futura. Los capítulos 2, 3, 5, 6, 7, 8, 9, 10, 12 y 14 están llenos de sugerencias prácticas relativas al reiki-do externo.

El reiki-do sinérgico funde las dos opciones anteriores, formando una totalidad armónica. Resulta adecuado para todos aquellos que «están de vuelta de todo» y han entendido que el principio del placer y la acción orientada hacia el éxito no se excluyen entre sí, sino que se complementan. En el caso de que tú ya hayas llegado a esta importante conclusión, te gustará el libro y aceptarás gustosamente todas las sugerencias que contiene.

Las reglas reiki de la conducta

Actualmente nos encontramos en el umbral de una nueva era y supongo que muchas personas encontrarán dificultades para adaptarse a las nuevas circunstancias. A mi juicio, presentar un método como el reiki sólo se justifica por el hecho de que puede ser útil a la hora de experimentar un desarrollo positivo en todos los órdenes de la existencia. Con mis palabras, pretendo despertar la curiosidad por el reiki y espero que los métodos básicos que describo generen muy pronto otros nuevos.

Ya se han esbozado los fundamentos de este antiguo arte curativo, pero la presentación resultaría incompleta si no se hablara también de sus reglas de conducta originales, tal como fueron transmitidas por el doctor Usui. Yo las extraje del diario de Hawayo Takata. Considero que es importante reproducirlas aquí, porque he visto que cambian bastante de un libro a otro y porque ni siquiera los maestros reiki llegan a un acuerdo a la hora de fijarlas. Quizás lleguen a gustarte tanto como a mí. En cualquier caso, creo que están en armonía con el reiki-do. Son las siguientes:

«Precisamente hoy no te irrites»

Esta primera regla siempre ha originado en mí muchas reacciones. ¿Por qué no debo irritarme? ¡Tengo derecho a expresar mis sentimientos! ¡Nadie puede prohibírmelo! En este punto ya me sentía completamente enfadado. Quizás lo que el doctor Usui quiso decir es que a veces nos enfadamos por nimiedades. Si no me gusta esta regla, soy libre de dejarla a un lado y olvidarla, sin más, pero no lo hago. En lugar de hacer lo que tengo que hacer, me indigno y malgasto mi tiempo. Pues sí: precisamente hoy no te irrites.

«Precisamente hoy no te preocupes»

Yo me preocupo constantemente. ¡No sé cómo estás, y eso me preocupa! Puede que vivas al día, alegremente, dejando que sea yo quien se preocupe. Todo el mundo te admira, porque eres alegre. A mí, en cambio, nadie me admira, porque siempre estoy preocupado y pongo cara de vinagre. Si te preocuparas al menos un poco, yo no te temería ni necesitaría preocuparme por el hecho de que tú, obviamente, no estés preocupado. Si hoy, precisamente hoy, pudiera olvidar mis preocupaciones, viviría sencillamente y gozaría del presente, pero no es tan fácil. ¿Quién se preocupará entonces de los problemas del mundo? Tú no, probablemente, y eso me preocupa.

«Sé amable con tus vecinos»

¿Acaso mis vecinos son amables conmigo? No me lo parece. Imagínate que yo los tratase con amabilidad y ellos me miraran boquiabiertos y sin comprender nada. ¡Qué vergüenza! Prefiero esperar a que ellos sean amables conmigo. Así, me sentiría más seguro y quizás yo también me mostraría algo más amable con ellos..., de vez en cuando.

«Gánate el pan honradamente»

¡Pero si eso es lo que hago! Eso es lo que hacemos todos. Incluso mi declaración de la renta es casi correcta. Bueno, he cambiado algunas cosas... Pero en mi caso está justificado, ¿o no? El Estado no piensa en otra cosa que en derrochar. Las escasas cantidades que yo le oculto no se aprecian, y además, casi nunca me doy de baja, de verdad. ¡Hombre, alguna vez sí! Pero no me digas que los de arriba no ganan ya bastante. A ellos sí que habría que preguntarles si se ganan el pan honradamente. Nosotros siempre tenemos que estar alerta para no salir perjudicados. Pero ya verán en las próximas negociaciones salariales. Exigiré la semana de 35 horas y un aumento de sueldo del 10%. Pero ya lo ves, en lo que a mí respecta, me gano el pan honradamente.

«Agradece las abundantes bendiciones»

Pero ¿de qué bendiciones estás hablando? Hoy ha hecho un calor espantoso y ayer estuvo lloviendo todo el día. Por la noche casi nunca hay nada en la televisión. Si no se me ocurre nada mejor, tengo que ir al cine, porque si no me aburro mortalmente. No puedo quedarme en casa eternamente, emborrachándome. Total, eso de las

bendiciones a mí no me dice nada. Mañana le pregun-
taré a mi novia. Será mejor que la llame desde el trabajo, así no me costará nada. Quizás a ella se le ocurra
algo por lo que yo debiera estar agradecido, y de paso
le propondré que vayamos por la noche a la discoteca.

Como puedes ver, las reglas reiki de la conducta no son
nada estúpidas. Nos ayudan a determinar nuestra posición,
nos señalan el lugar que ocupamos en la vida y cuáles son las
cosas que nos importan, pero no son preceptos morales, no
poseen un sentido de «leyes» o «prohibiciones».

El efecto del reiki sobre
nuestra forma de vivir

Muchas personas llevan una vida inarmónica y acelera-
da. El estrés y las situaciones límite en las que se ven envuel-
tas constantemente y en tan cortos periodos de tiempo
resultan excesivos para sus nervios y sus órganos. A largo
plazo, este continuo estar al borde del abismo conduce al
desinterés, al rechazo sistemático y al cinismo. Las personas,
entonces, buscan alivio acumulando experiencias superficiales, pero no acaban de encontrar la satisfacción y la armonía que anhelan. Sus vidas se vuelcan en exceso bien sobre
lo externo (afán de notoriedad), bien sobre lo interno (negatividad). De este modo, las vivencias se quedan en la superficie de la personalidad, sin que el ser humano pueda integrarlas, porque no tienen ninguna conexión con lo que

realmente debe aprender en esta encarnación —entendida ésta como su propio e ideal camino vital.

El reiki, aplicado con asiduidad, calma las agitadas olas de la vida. Con su ayuda podemos conseguir que nuestra existencia sea equilibrada tanto en el plano interno como en el externo. Cuando logramos aproximarnos a nuestro propio e ideal camino vital, la aceleración y la superficialidad se desvanecen y mejora paulatinamente la calidad de nuestra vida. Tomamos conciencia de que estamos aprendiendo algo que contribuye a enriquecer nuestra personalidad y nos sentimos satisfechos. Las enfermedades, ya sean físicas o psíquicas, experimentan una mejoría, desaparecen o bien se dejan curar de repente por métodos terapéuticos que antes no surtían ningún efecto. El chakra frontal, o tercer ojo, que es el responsable del reconocimiento y de la realización del propio e ideal camino vital, y el chakra *Muladhara*, que es el centro energético del ser, colaboran armoniosamente como consecuencia de la constante aportación de energía vital de la más alta frecuencia que reciben.

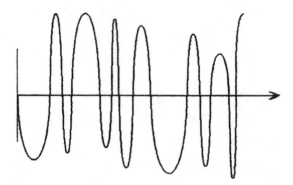

Figura 2.   Arriba: la vida estresada.
Abajo: relajación del estrés obtenida con el reiki

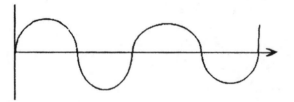

Capítulo 2

Posibilidades y limitaciones en la aplicación del REIKI

L a energía reiki surte cinco efectos principales:

— Produce una relajación profunda.
— Libera la energía bloqueada.
— Desintoxica.
— Aporta energía vital curativa.
— Eleva la frecuencia vibratoria del cuerpo.

Como es lógico, estos procesos están interrelacionados. Como consecuencia de la profunda distensión alcanzada, se disuelven los bloqueos físicos y mentales. La relajación de los órganos contraídos permite que la energía vital fluya con normalidad y que se active la eliminación de las toxinas. El organismo, una vez desintoxicado, dispone de mayor espacio para los procesos dinámicos y puede absorber, almacenar y utilizar mayor cantidad de energía vital. Cuanto más elevada es la cantidad de energía almacenada más se eleva su frecuencia vibratoria. Esto equivale a aproximarse a Dios, a Cristo, al alma universal o a la diosa, no importa la denominación que le demos. El contacto con la Unidad universal (el amor) inspira confianza (confianza en Dios). El individuo comprende que Dios se ocupa de él, que lo acepta, y experimenta una sensación de seguridad que lo sumerge en un estado de relajación profunda (disolución del karma). Pertrechado con su nueva seguridad, el ser humano puede utilizar su recién ganada vitalidad para adquirir experiencia en terrenos que antes le estaban vedados (libertad del individuo). Pero si se exige demasiado, volverá a sentirse excluido del amor divino, y se contraerá de nuevo. Comenzará así un nuevo ciclo de purificación y crecimiento.

La profunda relajación que experimentamos mediante el reiki se produce como consecuencia del contacto con la energía divina. Bajo sus efectos podemos absorber una mayor cantidad de esa energía que en condiciones normales. En una sesión de reiki, la energía absorbida está determinada por la capacidad del individuo que la canaliza. El emisor le transmite al receptor la cantidad exacta que éste desea acumular. Ésta es una ley sencilla que fija automáticamente los límites de la terapia reiki.

Cuando el individuo no quiere establecer contacto con Dios, sea de un modo consciente o, como casi siempre ocurre, inconscientemente, la energía reiki no fluye en absoluto y, por lo tanto, no la recibe. Este rechazo tiene su origen en los sentimientos de culpabilidad, en la convicción de que uno está demasiado contaminado por el «pecado» como para poder «percibir» a Dios. Los complejos de culpa son el mayor obstáculo para la curación. Si estás convencido de que mereces estar enfermo, no dejarás que aquello que puede curarte se acerque a ti.

Todo ser humano lleva en su interior una chispa de energía divina, aunque a veces esté muy escondida. El enfermo, para llegar a entender que el amor de Dios es incondicional, necesita concienciarse de que posee esa chispa. Dios ama a cada uno tal como es, al asesino y al santo.

Cualquier enfermedad que amenace nuestra vida es como una carrera contrarreloj. Es preciso que nuestra muerte se retrase hasta que hayamos tomado conciencia de que poseemos una chispa divina. Actualmente, la medicina académica está en condiciones de cumplir esta importante función. Sus casi fantásticas posibilidades le permiten otorgarle un plazo al enfermo, prolongando cuanto sea necesario su vida con objeto de que supere sus complejos de culpa. Durante ese plazo serán muy útiles las conversaciones de índole psicoterapéutica, las terapias, la presencia de personas amables y cariñosas que sean capaces de comprender la situación del enfermo, y también el trabajo con las técnicas reiki de 2º grado (el tratamiento mental).

A mi juicio, ninguna persona está condenada a sufrir una determinada enfermedad, salvo que desee padecerla. La enfermedad es siempre la expresión de una necesidad que brota en el momento y en el lugar más adecuados para el individuo. Cuando la necesidad encuentra otro espacio aún más adecuado, lo toma, expresándose en él. Tomemos el ejemplo de alguien que está sano y que pese a necesitar el afecto de sus semejantes, no lo obtiene. Al cabo del tiempo, esa persona escogerá la enfermedad que más le convenga para justificar su necesidad. No es difícil descubrir las causas que llevan a alguien a ponerse enfermo: basta con observar los cambios que, como consecuencia de la enfermedad contraída, se producen en su comportamiento y en su entorno social.

Si el enfermo está dispuesto, aunque sea mínimamente, a conocer otras dimensiones y a tener experiencias nuevas, su misma predisposición constituirá el punto de arranque de un tratamiento inteligente y exitoso. Significará que no carece de voluntad de vivir, y la voluntad de vivir implica necesariamente la voluntad de estar sano.

¿Y qué decir del derecho del individuo a estar enfermo? Personalmente, estoy convencido de que, si ése es el caso, debemos aceptarlo, ya que no intento ayudar a nadie que rechace categóricamente mi ayuda. Tendrá sus razones para no desear que se le ayude. Aceptaré su rechazo como una muestra de respeto hacia su dignidad, aunque no lo entienda. Todo ser humano tiene derecho a escoger su destino sin tener que justificarse por ello ante los demás. Podría suceder que lo que está rechazando es el tipo de ayuda que yo le ofrezco, y que estuviera dispuesto a aceptar la de otro. En tal caso, mi obligación sería facilitarle el contacto con ese otro y dejarle el camino libre. En mi opinión, intentar curar a alguien contra su voluntad equivale a violarlo.

Los Límites del autotratamiento reiki

Muchas personas utilizan técnicas de meditación, se sirven de métodos adivinatorios o aprenden reiki sencillamente porque tienen miedo de llegar al fondo de sus problemas de interacción con los demás. Esto sucede a menudo en el marco de las terapias grupales dirigidas por psicólogos. Semejante «huida hacia el interior» no conduce a nada. Tales métodos, por muy valiosos y útiles que pretendan ser, pueden ayudarte a sentirte más vivo, pero no son la vida misma. El reiki tampoco lo es. Si tienes graves dificultades contigo mismo y con los demás, si tus problemas aparentemente mínimos presentan en realidad un carácter serio, acude a un terapeuta experimentado que te inspire confianza, que te ayude a controlar tus miedos cuando aparezcan, que te sostenga cuando estés cayendo, que te abra nuevos caminos y te asista en tus primeros pasos. El momento de seguir desarrollándote positivamente, con la única y exclusiva ayuda del reiki, llegará cuando tu personalidad esté bien asentada sobre fundamentos sólidos. La misma vida cotidiana es una terapia suficiente cuando aprendemos a vivirla con una actitud constructiva.

Lo que acabo de decir es igualmente válido en el caso de las enfermedades físicas. Si estás seriamente enfermo, busca un buen naturópata. Intentar curarse sin la ayuda de nadie cuando se padece una enfermedad grave conduce casi siempre al fracaso. Incluso aquellos que poseen una completa formación médica o psicológica acuden a un colega cuando se sienten verdaderamente enfermos. Esto, naturalmente, no excluye la posibilidad de utilizar el reiki como apoyo del tratamiento que te prescriban; no hay que olvidar que la energía vital universal es capaz de mitigar las dolencias y los daños orgánicos, y de prevenirlos una vez han sido curados.

Resumen

Posibilidades y limitaciones en la aplicación del Reiki

1er GRADO

Posibilidades:
- Relajación profunda.
- Liberación de la energía bloqueada.
- Desintoxicación.
- Aportación de energía vital.
- Elevación de la frecuencia vibratoria.

Limitaciones:
- Falta parcial o total de receptividad.
- Insuficiente capacidad de transmisión del canal reiki (¡tratamiento grupal!).
- Imposibilidad de recibir un tratamiento continuado.
- Imposibilidad de aplicarlo cuando falta el contacto directo con el enfermo. En casos de urgencia,

aplicación limitada (sólo es posible actuar en apoyo de la terapia de urgencia).

— No aplicable para la autocuración de enfermedades graves (únicamente como apoyo de la terapia principal).

2º GRADO

Posibilidades:

— Todas las posibilidades mencionadas en el primer grado, pero con una capacidad de transmisión mucho más elevada. El tratamiento no precisa del contacto físico directo (tratamiento a distancia).

— En caso de que aun habiendo disposición consciente hacia la curación, se bloquee inconscientemente el proceso curativo, existe la posibilidad de disolver ese bloqueo (tratamiento mental).

Limitaciones:

— Rechazo consciente de la curación.

— Capacidad insuficiente (¡tratamiento grupal!).

— No resulta efectivo si no se aplica un tratamiento asiduo.

— En casos urgentes no se puede aplicar como ayuda exclusiva, sino únicamente como apoyo de la terapia de urgencia.

— No se debe aplicar para la autocuración en casos de enfermedad grave; sólo es válido como apoyo del tratamiento principal.

Capítulo **3**

El significado de los rituales en el tratamiento INTEGRAL

Durante los seminarios de introducción al 1er grado del reiki, la mayoría de los profesores suelen enseñar unos rituales destinados a abrir y cerrar el tratamiento integral. Por desgracia, casi nunca se dispone del tiempo necesario para explicar adecuadamente los motivos de estas ceremonias. Ésta es la razón de que muchos alumnos las olviden, terminen por ejecutarlas incorrectamente o les den demasiado valor. Es importante conocer el significado y la utilidad de los «rituales», como sucede con cualquier otra ceremonia. Vamos a hablar ahora de ello.

«Despojarse de los adornos»

A casi todo el mundo le gusta adornarse con piedras preciosas o semipreciosas, con metales nobles u objetos de cuero o de madera. Por muy hermosas que sean estos objetos, pueden provocar diversos problemas en el plano energético. Los metales y las piedras preciosas atraen determinadas energías sutiles. En naturopatía se aprovechan sus cualidades para extraer las energías negativas del cuerpo. Pero no hay que olvidar que la capacidad de estos pequeños ayudantes es limitada. Los terapeutas que trabajan con gemas saben por propia experiencia que han de limpiar con frecuencia las piedras empleadas en las curaciones. Si no lo hacen, estos bellos minerales dejan de tener utilidad y pueden llegar, en los casos más graves, a enfermar ellas mismas. Las piedras imbuidas de energía negativa despiden una irradiación de idéntico signo. Algo parecido sucede con los metales, el vidrio y el plástico. Los materiales orgánicos como el cuero y la madera, en cambio, no absorben la energía negativa del entorno tan fácilmente.

A lo largo del día, las joyas con las que nos adornamos entran en contacto con todo tipo de emanaciones. Cuando están ahítas de energías ambientales, funcionan como una especie de emisoras pequeñas y perturbadoras que irritan a quien las lleva en la medida en que sea sensible a las vibraciones sutiles. Por consiguiente, puede darse el caso de que los dolores de cabeza de una persona desaparezcan después de haber limpiado sus gafas con un chorro de agua corriente. Los pendientes son un tema aparte. La acupuntura nos

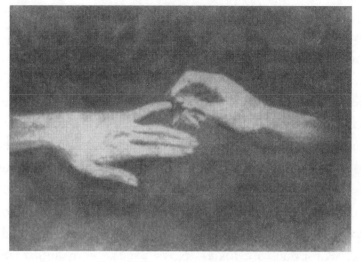

Figura 3. Despojarse de las alhajas

dice que en la parte externa de los oídos existen docenas de puntos sensibles que influyen en todo el cuerpo. Los pendientes, por estar situados justamente al lado de esos puntos, vierten directamente sus perturbadoras emanaciones en los cauces energéticos del cuerpo. Por lo tanto, y dado que las sesiones de reiki requieren de una atmósfera limpia de interferencias, es aconsejable desprenderse de todos estos adornos (véase, en el apéndice, «Limpieza energética de las joyas»).

Los anillos, las cadenas y los relojes forman con frecuencia un circuito metálico cerrado, capaz de reducir y entorpecer el flujo libre de las energías a través del cuerpo. Esto se puede demostrar fácilmente con la ayuda de un péndulo, o con el test braquial de Diamond. Aunque el reiki siempre está fluyendo, ya que es una energía más elevada que la de los meridianos, las interferencias producidas por los circuitos metálicos provocan que el sistema regulador de la energía etérica que posee el cuerpo no pueda reaccionar totalmente.

Los relojes de cuarzo, además, emiten sutiles vibraciones de tipo electromagnético que poseen un ritmo propio y que se pueden medir electrónica y radiestésicamente. El cuerpo humano percibe el ritmo del cuarzo y se irrita, puesto que su frecuencia vibratoria es distinta. Hay que eliminar este tipo de interferencias durante las sesiones de reiki. Por lo demás, en el mercado existen relojes mecánicos tan bellos como fiables. Hazte un favor a ti mismo: ¡cambia de reloj!

Por supuesto, estos consejos son igualmente válidos para el individuo que actúa como canal, es decir, para el transmisor de la energía reiki, que al igual que su paciente puede aprovechar mejor la energía que lo atraviesa eliminando previamente el mayor número posible de interferencias.

«Lavarse las manos»

«Me lavo las manos», dijo Poncio Pilato con el fin de eludir su responsabilidad en la condena de Jesucristo. No es, desde luego, un ejemplo demasiado afortunado para ilustrar el simbolismo del acto de lavarse las manos, pero lleva implícita la palabra clave: inocencia.

El acto de lavarse las manos, además de su lógico sentido higiénico, tiene también un significado estético. Nuestras manos sudan muy fácilmente y están en permanente contacto con muchas cosas. Durante los primeros compases del

Figura 4. Lavarse las manos

tratamiento las colocamos en la cara del receptor, cuyos nervios hipersensibles toman buena nota de su estado. Obviamente, si despiden un olor neutro y no se le adhiere a la piel, el receptor del tratamiento experimentará una sensación agradable.

En el plano etérico encontramos otra buena razón para lavarnos las manos antes y después del tratamiento. El cuerpo humano está rodeado de un campo energético, esto es, posee un aura que puede incluso hacerse visible mediante el método de la cámara Kirlian. La función que cumple el aura en el plano etérico es similar a la que cumple la piel en el plano físico: proteger el cuerpo energético interior y estimular la circulación de la energía y las informaciones recibidas o emitidas. El aura, como la piel, conserva restos de todo aquello con lo que establece contacto. Las personas sensibles pueden llegar a irritarse a causa de esos restos. La solución es, naturalmente, el agua corriente, que los arrastra y los hace desaparecer. Al lavarnos las manos, limpiamos nuestra aura de las impresiones emitidas por el paciente en el transcurso del tratamiento.

Si por cualquier motivo no dispusiéramos de agua, podemos recurrir a una vela encendida para realizar la limpieza: bastará con que pasemos las manos por los laterales de la llama.

«Orar»

Antes de iniciar el tratamiento integral, uno las manos a la altura del corazón, en actitud de oración, y ya sea en voz alta o en silencio, ruego que me sea permitido convertirme en un canal reiki con el fin de poder curar al individuo al cual voy a imponerle las manos. Entonces las elevo hasta la frente, inclino la cabeza y el tronco, y las coloco nuevamente a la altura del corazón. Este ritual constituye una muestra de respeto, un gesto de aceptación que se refiere tanto a mí mismo como al paciente.

Las dos manos unidas simbolizan la unión de mis polos yin y yang, de los lados luminoso y sombrío de mi corazón. Acepto al mundo en mi interior, a los seres humanos, a mí

Figura 5. Orar

mismo. No puede haber una aceptación auténtica de la realidad en otro sitio que no sea el corazón, que es el punto donde se unen las circunstancias materiales y las circunstancias de las esferas sutiles.

En este momento del ritual me acepto a mí mismo con amor, de una manera simbólica. La autoaceptación previa me capacita para comprender realmente al otro, para aceptarlo con el mismo amor con que me acepto a mí mismo, con todas sus asperezas, con sus partes de luz y de sombra. El proceso, la energía que se pone en movimiento, no puede ser racionalizado completamente, tiene un carácter puramente emocional; algunos la denominan «energía crística».

Tras esta unión amorosa simbólica, levanto nuevamente las manos hasta la frente, hasta mi tercer ojo, que me induce a reconocer y aceptar mi propia función. Si no me acepto a mí mismo no podré acceder a ese nivel. Admito que mi camino no tiene por qué discurrir por donde yo desee, renuncio a mi ambición de poder, a que el guía de mi evolución sea mi propio «yo». Transijo alegremente con la idea de que mi desarrollo tome un curso distinto del que había imaginado. Comprendo que los nuevos senderos son perfectos, muy adecuados para mi forma de ser. Esta actitud abierta y optimista equivale sencillamente a confiar en Dios.

Lo que acepto para mí puedo aceptarlo también para el otro, pero de una manera simbólica, para que conserve la libertad de crecer a su modo, y no al mío. Al mismo tiempo que levanto las manos, inclino la cabeza, transfiriéndole a Dios, a Cristo, al Buda —no importa cómo llamemos a la personificación de la más alta perfección— la responsabilidad del proceso. Respeto la dignidad del ser humano que tengo ante mí. El hecho de que sus problemas, y no los míos, estén en este momento en el centro de la escena no significa que sea menos valioso o menos sabio que yo.

«Igualar el aura del receptor»

Antes de imponerle las manos, puedes igualar el aura de tu paciente. Siéntate a su lado, coloca tu mano izquierda sobre tu propio *hara* y pásale la derecha por la línea central de su cuerpo, de la cabeza a los pies, a una distancia de unos 20 cm. Cuando hayas llegado a los pies, pon la mano en posición vertical y, pasándola muy cerca de tu cuerpo, vuelve a llevarla hacia su cabeza. Repite este proceso tres veces. Al finalizar la sesión, posa tu mano izquierda sobre el *hara*

Figura 6. Igualar el aura

(abdomen) o sobre el sacro (parte inferior de la espalda) de tu paciente y repite una vez más todo el proceso.

El objeto de esta técnica no es otro que iniciar el contacto. Tu paciente sentirá que te encuentras en el umbral de su campo interno de percepción sutil, que estás llamando a su puerta, pidiéndole que te permita entrar, en lugar de hacerlo violentamente. Al colocar tu mano izquierda, la mano receptora, sobre tu propio *hara*, y al establecer el contacto con tu derecha, la mano emisora, estás mostrándole tu ser, tu centro, sin disfraces. Tu conexión con el reiki evita las máscaras, te permite percibir tu individualidad y la de tu paciente. La mayoría de las veces estos procesos son más o menos inconscientes, ¡pero no por ello resultan menos reales e importantes! Al mover la palma en la misma dirección que fluye la energía por el aura de tu paciente, esto es, de la cabeza a los pies, desbloqueas las retenciones energéticas superficiales y armonizas su flujo.

Cuando acabe la sesión, puedes repetir el proceso a modo de despedida, pero esta vez posa la mano izquierda sobre el *hara* o el sacro del paciente. De ese modo harás que sienta su propia fuerza y le demostrarás que es independiente de tu energía.

«El pase energético»

Para finalizar puedes hacerle un «pase» rápido por la línea central del cuerpo, desde la pelvis hasta la coronilla, con la mano en posición vertical.

Esta técnica, que fue utilizada a principios del siglo XX por el sanador Franz Anton Mesmer, distribuye la energía del chakra *Muladhara* por todo el cuerpo. Sus asombrosos efectos pueden comprobarse mediante el «test del brazo» de la kinesiología.

Para llevar a cabo el experimento, pídele al sujeto que extienda el brazo horizontalmente. Intenta bajárselo con un movimiento rápido e inesperado y toma buena nota de la resistencia que opone. Hazle un pase energético negativo, es decir, desde la cabeza hasta la pelvis, y trata de bajarle el brazo nuevamente. Podrás constatar que su resistencia es ahora mucho más débil. El pase positivo (desde la pelvis hasta la cabeza), por el contrario, provoca que la oposición aumente. Quien desee conocer más detalles acerca de este experimento puede consultar el libro *Der Körper lügt nicht* (*El cuerpo no miente*), de John Diamond.

Figura 7. Pase energético positivo

Quizás te estés preguntando qué importancia pueden tener estos rituales para el éxito del tratamiento reiki. Todo dependerá fundamentalmente del punto de vista que tengas y de la actitud de tu paciente. En cualquier caso, deberás sopesar la importancia que, por ejemplo, tiene la oración para ti. Lo que resulta decisivo en cualquier ritual es que uno se involucre en él de una manera consciente. Si crees que el ritual tiene sentido, procura ejecutarlo con la mayor conciencia posible, pero no te obligues a nada, porque esa circunstancia, en lugar de fomentar tu desarrollo, lo obstaculizaría.

En caso de que los rituales carezcan de importancia para ti, observa bien a la persona a la que vas a transmitirle la energía reiki y decide en función de lo que veas. Puede que esté familiarizada con los rituales y con su significado; en tal caso puedes dejar que sea ella la que decida. Los rituales reiki, de todas formas, son fácilmente comprensibles. El acto de lavarse las manos, por ejemplo, tiene un sentido que cualquiera puede ver.

No se debe ejecutar ningún ritual sin tener una conciencia clara de su finalidad. Si piensas que carecen de sentido, no los practiques. Quizás más tarde cambies de opinión y llegues a considerarlos beneficiosos para tu crecimiento personal. Puedes preguntarte qué sentido tiene algo tan sencillo como lavarse las manos. ¿Crees que es superfluo crear a nuestro alrededor un ambiente de calma y de pureza cuando pretendemos ponernos en contacto con nuestro centro vital?

Los rituales actúan como un detonante. Invierte en ellos una pequeña porción de tu tiempo y pondrás en marcha ciertas leyes cósmicas que mueven gran cantidad de energía. La fuerza reiki no precisa de rituales, desde luego, puesto que siempre está fluyendo, pero a ti quizás te ayuden a controlar los procesos reiki con una mayor conciencia. En determinados casos, debido al aumento de receptividad que producen tanto en ti como en tu paciente, pueden servir incluso para potenciar la eficacia de la fuerza reiki. Éste es el motivo de la importancia de los rituales del reiki-do.

Los rituales posteriores a la sesión

Una vez concluido el tratamiento integral, y después de igualar el aura del paciente y de hacerle un pase energético, da las gracias por haberte convertido en un canal de la energía reiki, lávate nuevamente las manos y, si lo estimas conveniente, despídete dándole algunos consejos: que beba mucha agua, que se duche, que evite el alcohol, que descanse bastante, etc.

Resumen

El significado de los rituales en
el tratamiento integral

— Despojarse del reloj y de las joyas con objeto de eliminar aquellos factores que puedan perturbar el flujo de la energía reiki o limitar su acción armonizadora.

— Lavarse las manos con el fin de estar limpio tanto en el plano físico como en el etérico, y para no irritar al paciente.

— La oración, de acuerdo con la ley hermética «como es dentro es fuera», equivale a aceptar nuestra individualidad y a renunciar a las ambiciones de poder del «yo». Con este acto, la energía reiki no se ve limitada a priori y es admitida a todos los niveles.

— Igualar el aura tiene como fin establecer el primer contacto y estimular la circulación energética. Al concluir el tratamiento, es una forma de despedirse y de disolver la relación.

— Los pases energéticos fortalecen y estimulan al paciente.

Capítulo 4

Las ventajas del
tratamiento INTEGRAL

E l cuerpo del hombre, al igual que su carácter, no puede
descomponerse en partes aisladas que funcionen sepa-
radamente. Cada órgano, cada célula, cada manifestación
vital está relacionado directa o indirectamente con todas las
demás, respaldándolas y siendo respaldada a su vez por todas
ellas. Cuando surge una perturbación en un sector determinado, sus causas y sus efectos se dejan sentir también en
otros sectores. Por ejemplo, un trastorno digestivo, con el
tiempo, surtirá efectos en todos los órganos corporales,
debido al insuficiente aprovechamiento de los alimentos
ingeridos. Las toxinas irán depositándose poco a poco en el
tejido adiposo, en los músculos, en los vasos sanguíneos y en
las articulaciones. Los órganos de desintoxicación, que tendrán

que realizar un trabajo extra para frenar la inundación de toxinas, acabarán por sobrecargarse y se producirá algún tipo de infección, que a su vez hará trabajar al sistema linfático. Una evolución patológica como ésta hará que nos sintamos pesados, y en lugar de practicar algún deporte, como solíamos hacer, preferiremos quedarnos en casa. Ahora bien, lo que mantiene en buen estado al sistema linfático es la actividad física. La inactividad dificultará aún más su trabajo, con lo que no tardaremos mucho en sentir molestias en las amígdalas o algún que otro trastorno en el intestino ciego (el apéndice también forma parte del sistema linfático). Nuestro sistema inmunológico se hallará tan sobrecargado que se rendirá sin lucha ante el más mínimo ataque patógeno, de un virus gripal, por ejemplo. Finalmente, si se nos ocurre combatir la gripe con la «porra química», es decir, con antibióticos, analgésicos o cortisona, resultará prácticamente inevitable que se produzca un decaimiento drástico de la salud.

En ese momento no serviría de mucho aplicarle un tratamiento reiki a los ganglios linfáticos de la garganta infectados (las amígdalas). Lo máximo que se conseguiría es una mejora superficial, por una razón muy simple: la causa de la sobrecarga no habría sido eliminada.

Incluso si lográramos averiguar cuál es la causa, lo cual es bastante difícil, sobre todo en los estados crónicos, podría ocurrir que aquélla tuviera a su vez otras causas, originadas por las múltiples interrelaciones funcionales del cuerpo.

En una situación así, lo que se debe hacer no es dedicar las sesiones de reiki a buscar las causas profundas del mal, sino aplicar exclusivamente el tratamiento integral durante un tiempo prolongado. De ese modo, durante los 90 minutos de duración de una sesión, todos los órganos importantes recibirán la vivificante energía reiki de una forma ordenada y armoniosa, se restablecerá gradualmente la capacidad de reacción del cuerpo, mejorará la conductividad de las vías energéticas y se fortalecerán los sistemas metabólicos.

Lo que acabo de decir es muy importante. Casi todos los tratamientos naturistas tratan de estimular las reacciones autocurativas del organismo, pero un cuerpo sobrecargado de toxinas no puede responder al estímulo que lo incita a la autocuración. La medicina homeopática, por su parte, suele emplear en estos casos los llamados «medios reactivos», destinados a dotar al individuo de la capacidad de reacción necesaria ante los estímulos. El tratamiento integral reiki soluciona el problema de una manera mucho más sencilla. No precisa de ningún tipo de experimento para poner en marcha el proceso descorificador. Con el tiempo, el cuerpo recupera por sí mismo su capacidad de reacción.

Otra de las ventajas del tratamiento integral es que regenera directa y totalmente las vías energéticas sutiles y los sistemas metabólicos. Con frecuencia, los tratamientos naturistas chocan con la incapacidad del cuerpo para canalizar las energías necesarias; es más, suele suceder que dichas energías se convierten en una carga más bajo la cual acaba por hundirse definitivamente.

El hígado, los riñones, el corazón no pueden resistir el peso adicional ocasionado por la terapia, y se niegan a funcionar. La energía reiki restablece la capacidad de aguante de dichos órganos, en muchos casos con bastante rapidez, permitiéndoles aprovechar armoniosamente las reacciones curativas inducidas.

El tratamiento reiki constituye un excelente apoyo para todos los métodos naturistas de curación, porque pone a disposición del cuerpo la energía necesaria para acabar con las enfermedades y puede contribuir, incluso después de la curación, a la recuperación y el fortalecimiento del organismo.

En las terapias de tipo químico, es decir, alopáticas, el reiki puede reducir los efectos secundarios, ayudando al cuerpo, una vez suspendida la medicación, a recuperarse de lo que antes he denominado la «porra química». El tratamiento integral surte efectos especialmente valiosos tras las quimioterapias contra el cáncer. Lo mismo se puede decir de las recuperaciones posoperatorias. Después de sufrir una intervención quirúrgica, el cuerpo se encuentra muy debilitado, ha de producir nuevos tejidos, sobreponerse al trauma que supone toda operación, y quizás también luchar contra la invasión de algún tipo de gérmenes. Las heridas suelen ser dolorosas y pueden quedar secuelas capaces de provocar nuevas molestias. El tratamiento integral reiki le suministra al cuerpo la energía adicional necesaria para que pueda superar con éxito esta estresante situación. Aplicándolo de una manera inmediata y con asiduidad, puede suceder que las heridas del posoperatorio no produzcan dolor alguno. El tejido se cierra muy rápidamente, las cicatrices desaparecen casi por completo y no acarrean complicaciones posteriores. La asiduidad en la aplicación del tratamiento reiki es un factor decisivo para que nuestro éxito sea duradero.

El tratamiento integral
y la evolución personal

¿Las enfermedades crónicas no son tu problema? Pues tanto mejor. El reiki también puede serte útil cuando estás sano.

Aplicado con asiduidad, el tratamiento integral potencia tu capacidad de reacción frente al entorno. Notarás que cada vez percibes más cosas, porque cada vez estás más abierto. Tu encuentro con el mundo y con los demás se torna menos rígido y aumenta la confianza en ti mismo. A medida que transcurre el tiempo, tu vida gana intensidad y obtienes más partido de tus experiencias. Simultáneamente, previenes las enfermedades y eliminas los gérmenes patógenos ocultos antes de que puedan causarte ningún daño. Todas tus facultades se activan y te resulta mucho más fácil estudiar y aplicar lo aprendido.

¿Difícil de creer? Inténtalo, ten una experiencia reiki. En el fondo, todos estos cambios tan positivos no son más que el resultado de una profunda limpieza y vitalización del cuerpo, similar a la que puede observarse en otros procesos naturales de curación. Cuando no tenemos que malgastar nuestra energía de un modo improductivo, luchando contra bloqueos y trastornos crónicos, automáticamente se nos abren unas posibilidades de evolución y de desarrollo casi maravillosas.

Tratamiento reiki y
rejuvenecimiento

El reiki produce efectos rejuvenecedores. No quiero decir que la energía reiki sea una de esas célebres «fuentes de la juventud», pero desde luego resulta mucho más barata y efectiva que cualquiera de las múltiples grageas, gotas y jugos que están disponibles en el mercado. El tratamiento reiki no puede causarte ningún daño, mientras que la ingestión de cualquier preparado no concebido especialmente para ti sí que puede representar un peligro.

Algunos de los efectos de la energía reiki son la mejora gradual del riego sanguíneo y la recuperación del equilibrio de las funciones cutáneas, con lo que surge incluso la posibilidad de que desaparezca alguna que otra arruga. Además, la activación profunda del metabolismo y de los mecanismos de desintoxicación restaura la elasticidad del tejido conjuntivo y de los músculos. Naturalmente, poner en marcha estos procesos requiere tiempo. Si te concedes ese tiempo, llegarás a estar satisfecho de los resultados de tu trabajo con el reiki.

El tratamiento integral te ofrece amplias garantías de que no se producirán reacciones curativas demasiado violentas. Durante las sesiones, las energías se liberan armoniosamente, de manera que no puedan causar daño alguno. Pese a todo, si el tratamiento es parcial, puede llegar a producirse alguna reacción curativa más o menos dramática. Por ello, es aconsejable que los tratamientos parciales sean aplicados por terapeutas expertos, que posean la correspondiente cualificación.

Resumen

Ventajas del tratamiento integral reiki

— Restablecimiento de la capacidad de reacción del cuerpo.
— Depuración profunda.
— Aporte suplementario de energía vital.
— Tratamiento exento de riesgos.
— La liberación de las energías bloqueadas no es unilateral.

Capítulo 5

Las posiciones del tratamiento integral y sus efectos en los planos ORGÁNICO y sutil

En este capítulo voy a presentarte una de las posibles series de posiciones del tratamiento reiki integral. Dicha serie procede, en esencia, de mi maestra, Brigitte Müller, aunque yo he ido ampliando y transformando algunas de sus partes a medida que se ha incrementado mi experiencia. De esta secuencia se obtienen muy buenos resultados en la práctica. No es, como ya he indicado, la única posible. Los maestros reiki suelen proceder de formas muy distintas, pero casi todos consiguen los mismos efectos. Puede que en determinados casos resulten más apropiadas otras series. De ninguna manera pretendo mostrar un método único, ni siquiera el más correcto, de efectuar un tratamiento integral. Es más, considerando que los seres humanos somos muy distintos unos de otros, creo que ese método único no puede existir. Sólo pretendo ofrecerte una serie posicional ordenada y armónica, que te sirva de orientación.

Es muy importante comprender por qué tiene sentido una determinada secuencia posicional y qué es lo que le proporciona ese sentido. A medida que vayas acumulando experiencia con la energía reiki, irás dando menos importancia a las secuencias establecidas y a las reflexiones sobre su sentido. Tu percepción interior irá desplegándose paulatinamente y ocupando el lugar de los conceptos intelectuales. Trabajando frecuentemente con la fuerza vital, este proceso se realiza de modo natural, sin que haya que hacer ningún esfuerzo extraordinario. No obstante, deberá transcurrir algún tiempo antes de que tu intuición funcione plenamente. No hay que olvidar que, incluso después de haberla desarrollado, la mayoría de nosotros sigue siendo incapaz de prescindir de sus propios procesos intelectuales, con sus formas concretas y su lógica inherente. Tus éxitos te indicarán cuándo has dejado de necesitar la estructura que te ofrezco y cuándo puedes, por consiguiente, empezar a confiar en tus propias percepciones. Cuanto más trabajes con el sistema, menos lo necesitarás, lo cual me parece perfecto.

Comencemos por el principio. Veamos lo que sería el desarrollo completo de una sesión de reiki, con el mayor número posible de detalles y de forma que todas las informaciones aisladas formen un conjunto interdependiente.

Preguntas que debes hacerte antes
de iniciar el tratamiento

En primer lugar, plantéate si eres la persona indicada para tratar al individuo que solicita tu ayuda; piensa en la responsabilidad que esto conlleva y pregúntate si posees la cualificación necesaria para asumirla. Si sospechas que tu paciente padece alguna enfermedad seria, sea de índole física o psíquica, y tú no eres médico ni naturópata, declina inmediatamente la responsabilidad, y que sean otras manos más cualificadas las que se ocupen del caso. Si el paciente es objeto de algún tipo de tratamiento médico o psicoterapéutico, pídele información sobre las eventuales medicaciones que pueda estar ingiriendo y, en caso de duda, consulta al profesional que las haya prescrito. Si esto no es posible, renuncia a intervenir o limítate a aquellas formas de trabajo de las que sepas que no pueden causar ningún trastorno. Los capítulos 2 y 6 contienen alguna información acerca de este problema.

Aclarado todo esto, pregúntate si en ese preciso momento estás en condiciones de tratar al solicitante. ¿Tienes suficiente tiempo? ¿Quieres dedicarle tu tiempo realmente? ¿Qué te ofrece a cambio? ¿Te sientes lo bastante fuerte, interna y externamente, para ocuparte del desarrollo de otra persona? Recuerda que al convertirte en un canal reiki los procesos evolutivos también se iniciarán o se acelerarán en ti mismo. ¿Estás preparado para ello, aquí y ahora? ¿Posees la fuerza necesaria para afrontar dichos procesos?

Aún hay otras cuestiones que debes plantearte. Reflexiona sobre los detalles del tratamiento. Determina cuáles son los puntos esenciales, prevé los problemas que puedan surgir y planifica las sesiones de acuerdo con los métodos presentados en este capítulo y en el capítulo 7. Para todo ello te aconsejo que consultes a un médico o a un terapeuta, aunque también puedes ser tú mismo, siempre que poseas la debida cualificación, quien establezca el diagnóstico sobre el cual basar el tratamiento posterior.

Reflexiones acerca del desarrollo del tratamiento integral

Una vez aclarado tu punto de vista, has de reflexionar sobre cuestiones relativas al tratamiento mismo. En primer lugar, determina si conviene o no limitar el tratamiento integral. Cuando tengas frente a ti a personas muy debilitadas o niños pequeños, la duración de la sesión, en principio, deberá reducirse a 20 minutos aproximadamente. También conviene ser breve y practicar un número menor de posiciones con aquellas personas que estén ingiriendo ciertos medicamentos alopáticos, es decir, químicos (véase el capítulo 12). Si el paciente es propenso a retener la energía, es aconsejable renunciar a determinadas posiciones que podrían provocar dolores de cabeza o, en el caso de las mujeres, intensas molestias menstruales. En tales casos, lo mejor es tratar las zonas afectadas de un modo indirecto. Con algunas personas tendrás que poner énfasis en áreas específicas, aplicar la energía reiki de una manera puntual. También están aquellos a quienes un tratamiento parcial (por ejemplo la armonización de los chakras o una sesión abreviada) les produce el mismo efecto que un tratamiento integral. En ocasiones el tratamiento deberá ser parcial y específico a la vez: medidas de urgencia (una especie de «primeros auxilios»), disolución de bloqueos concretos localmente determinados, eliminación de las interferencias producidas por las cicatrices, tratamiento de infecciones limitadas, supresión de tensiones crónicas padecidas por ciertas partes del cuerpo, etc. Habrá casos en los que tengas que acompañar el tratamiento local con actuaciones complementarias, utilizando por ejemplo piedras preciosas, aromas, sonidos, el diálogo, el trabajo corporal, un régimen dietético o cualquier otra clase de intervención terapéutica. Finalmente, no olvides preguntarte si estás realmente cualificado para tomar una decisión o adoptar una medida determinada.

Una reflexión aparentemente sin importancia

¿Quieres tomarte un té o hablar con el paciente antes, después o durante la sesión? La decisión más acertada no es siempre la misma. Hay días en los que puede ser más útil permanecer en silencio. Tu intuición te dirá qué es lo más adecuado en cada caso. El ambiente que se cree entre el emisor y el receptor tiene mucha importancia en el tratamiento reiki.

Los rituales previos a la sesión

Cuida de que el paciente se despoje de los anillos, brazaletes, cadenas, relojes o cualquier objeto ornamental, así como de la ropa ajustada. Cuida igualmente de que no cruce los brazos o las piernas durante el tratamiento. También tú, como ejecutor, debes hacer lo mismo. Lávate las manos. Ruega que se te conceda la fuerza necesaria. Iguala el aura del receptor (para más detalles o para recordar el significado de estos rituales, véase el capítulo 3).

Los rituales posteriores a la sesión

Una vez finalizado el tratamiento, vuelve a igualar el aura de tu paciente y hazle el pase energético. Agradece haber podido transmitir la energía reiki, lávate nuevamente las manos y despídete con algunos consejos: que beba bastante agua, que se duche, que evite tomar alcohol, que descanse suficientemente, etc.

Las posiciones reiki

Cada gesto de la mano posee un significado determinado en el tratamiento integral. No es necesario que imites exactamente lo que veas en las figuras. Bastará con que sitúes las manos en las partes indicadas. Da igual que ejecutes las posiciones con una mano o con la otra: la energía reiki carece de polaridad. La ropa, la escayola o las mantas no entorpecen el flujo de la energía reiki. No obstante, hay personas que prefieren el contacto directo de tus manos sobre su cuerpo; cuando esto ocurra será preferible renunciar a las «trabas» innecesarias. Lo que no debes hacer es poner las manos sobre las heridas abiertas, las quemaduras, los forúnculos u otros fenómenos similares. Mantenlas siempre unos

10 cm por encima de las regiones afectadas. Si el dolor del paciente se intensifica con la aplicación directa de las manos, opta por una aplicación indirecta sobre los puntos correspondientes de la acupuntura (zonas reflejas). Recuerda la siguiente regla empírica: cuanto más alejadas estén las zonas reflejas tratadas del punto sobre el que se pretende ejercer la influencia, tanto mayor y más suave resultará el efecto de la energía reiki.

La descripción de las posiciones se hace del siguiente modo: en primer lugar se señalan los órganos que se han de tratar y en segundo lugar hay una lista de las zonas de aplicación más importantes, añadiéndose eventualmente algunas informaciones complementarias. En la parte final de este libro encontrarás un índice alfabético de síntomas, con aquellas posiciones que, de acuerdo con la experiencia, son las más adecuadas para tratarlos.

La cabeza

Posición número 1:

Las manos se posan paralelamente a ambos lados de la nariz, cubriendo la zona que se extiende desde la frente hasta los dientes.

Ojos, senos frontales y accesorios de las cavidades nasales, glándula pituitaria (control de las glándulas endocrinas. Su tratamiento debe incluirse en todos los casos de trastornos glandulares, preferiblemente antes de aplicar la energía reiki a la glándula que se pretenda controlar), glándula pineal, 6º chakra (tercer ojo). Zonas de reflejo de todos los órganos importantes (el cuerpo se refleja totalmente en el rostro).

Agotamiento, estrés, enfriamientos, molestias en las fosas nasales, dolencias oculares, inestabilidad, adicciones, alergias, insatisfacción, posición básica para toda clase de enfermedades crónicas.

Posición número 2:

Las manos reposan sobre las sienes, con las puntas de los dedos sobre los maxilares superiores.

Músculos y nervios oculares, hemisferios cerebrales.

Armonización de los hemisferios cerebrales (emoción y razón), estrés, dificultades de aprendizaje, problemas de concentración, posición básica en los casos en que la persona se halle dominada exclusivamente por las emociones o por el intelecto, enfriamientos, dolores de cabeza.

Figura 8. Posición número 1

Figura 9. Posición número 2

Posición número 3:

Las manos cubren las orejas.

Oídos, órganos del equilibrio, faringe.

Posición básica para todo tipo de enfermedades, debido a que en los pabellones auditivos existen numerosas zonas reflejas que influyen sobre todo el cuerpo. Enfermedades de la oreja y del oído, perturbaciones del sentido del equilibrio, dolencias de las regiones nasal y faríngea, enfriamientos, sordera repentina ocasionada por trastornos de las células sensoriales auditivas, confusión.

Posición número 4:

Las manos se posan sobre la parte occipital de la cabeza. Las puntas de los dedos tocan la médula oblongada (ese punto blando que se percibe cuando deslizamos las manos por la línea central de la cabeza, en dirección a la nuca. Aproximadamente a mitad de camino hay una cavidad blanda: ahí está situada la médula oblongada).

Zonas de reflejo de los chakras principales (del 1º al 4º), cerebro, médula oblongada, meridianos del intestino grueso, del triple recalentador, de la vesícula biliar, de la vejiga, meridiano guía (vaso gobernador).

Relajación, dolores de cabeza, enfermedades oculares, resfriados, dolencias abdominales, miedo, bloqueos del 6º chakra, asma, hiperventilación, trastornos circulatorios, estornudos, náuseas.

Figura 10. Posición número 3

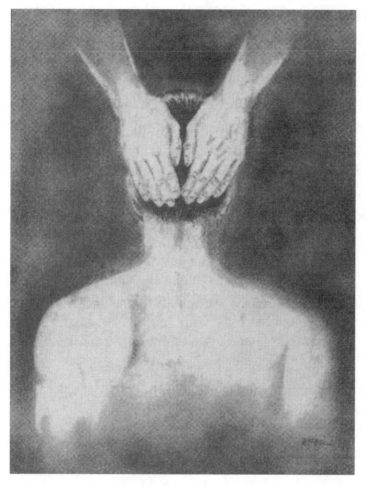

Figura 11. Posición número 4

Posición número 5:

Las manos cubren la parte anterior del cuello, pero sin llegar a tocarlo, ya que a muchas personas esto puede producirles miedo.

Glándula tiroidea, glándula paratiroidea, laringe, cuerdas vocales, ganglios linfáticos, 5° chakra.

Trastornos metabólicos, problemas de peso, anorexia, tartamudeo, miedo, palpitaciones, vicios de postura, tensiones crónicas en la musculatura de las piernas, la pelvis, el tronco y los hombros. Tensiones arteriales, agresividad reprimida, problemas de conducta, problemas de comunicación, dolores de garganta, amigdalitis, ronqueras, inseguridad.

Figura 12. Posición número 5

El tronco

Posición número 6:

Las manos se colocan, una debajo de la otra, sobre las costillas inferiores del lado derecho.

Hígado y vesícula biliar.

Enfermedades del hígado y de la vesícula biliar, trastornos digestivos, hemorroides, agresividad excesiva o reprimida, hipertensión, enfermedades metabólicas, desintoxicación.

Posición número 7:

Similar a la anterior, pero en el costado izquierdo.

Páncreas, bazo, intestino.

Diabetes (véase también la posición especial en los codos), enfermedades del páncreas y del bazo, propensión a infecciones e inflamaciones, producción de la sangre (glóbulos rojos), trastornos digestivos.

Posición número 8:

Una mano se coloca por encima del ombligo y la otra por debajo.

Plexo solar, estómago, 3er chakra, órganos digestivos, *hara*.

Miedo, armonía interna, enfermedades estomacales e intestinales, náuseas, ardores, sensación de plenitud, facilitamiento de la digestión, hemorroides, aumento de la vitalidad, orgullo, complejos de inferioridad, enfermedades metabólicas, depresiones.

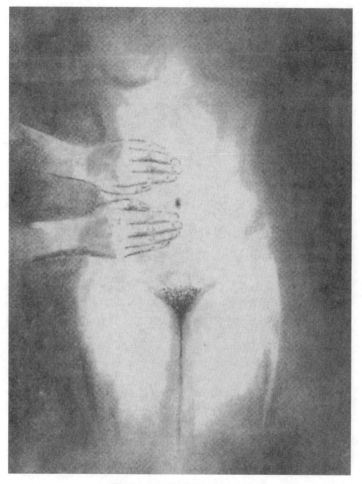

Figura 13. Posición número 6

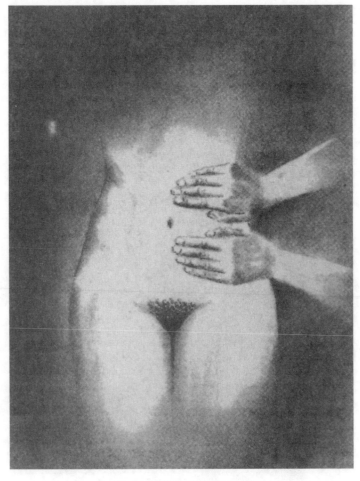

Figura 14. Posición número 7

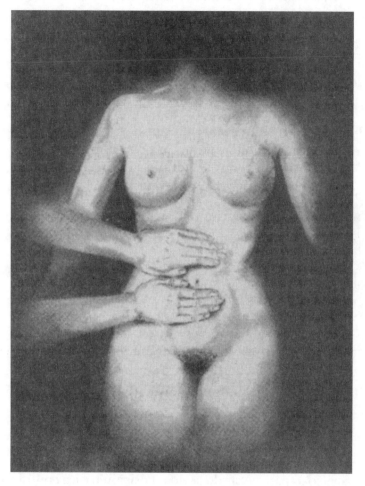

Figura 15. Posición número 8

Posición número 9:

Una mano se sitúa horizontalmente, cubriendo la glándula timo, y la otra por debajo, verticalmente, entre los pechos (las dos manos forman una especie de «T»).

Glándula timo, corazón, pulmones, 4º chakra.

Fortalecimiento de las defensas, trastornos cardíacos, sistema linfático, sordera, excesos o carencias emocionales, enfermedades pulmonares, debilidad generalizada, depresiones.

Posición número 10:

Ambas manos se colocan sobre los bultos originados por los huesos de la pelvis, de forma que las puntas de los dedos se unan prácticamente en el hueso del pubis (las manos forman una «V»).

Órganos urogenitales, intestinos, apéndice y 1er y 2º chakras.

Enfermedades del aparato urogenital, tumores en el pecho, molestias menopáusicas, trastornos digestivos, temor a la proximidad física de otras personas, debilidad generalizada, convalecencias, problemas sexuales, problemas de peso, anorexia, circulación sanguínea, fortalecimiento del sistema inmunológico, potenciación del deseo de vivir y de la capacidad para gozar de la vida. Posición básica contra las alergias.

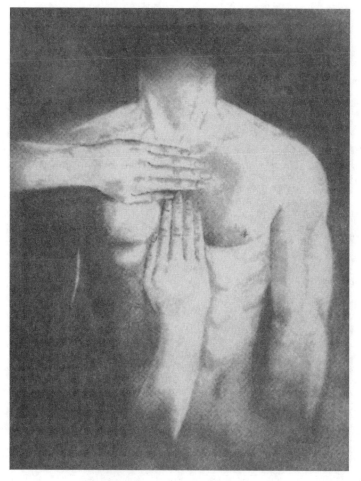

Figura 16. Posición número 9

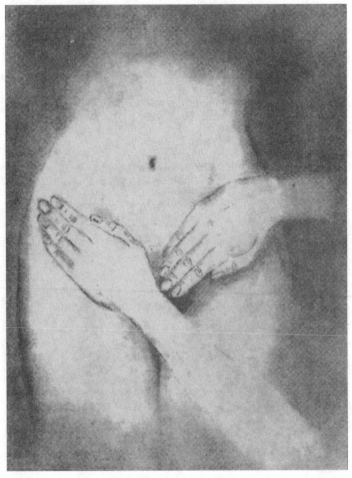

Figura 17. Posición número 10

La espalda

Posición número 11:

Las manos se colocan horizontalmente entre los hombros y los omóplatos.

Chakras secundarios (responsabilidad), músculos cervicales y de los hombros, meridianos del triple recalentador, de los intestinos, de la vejiga y de la vesícula biliar.

Dolores de cabeza, tensiones musculares en los hombros y en la nuca, estrés, problemas de responsabilidad (sentirse responsable de todo y de todos o bien negarse a asumir responsabilidades).

Posición número 12:

Las manos cubren los omóplatos.

Pulmones, corazón, meridiano del intestino delgado y de la vejiga.

Enfermedades pulmonares y cardíacas, dificultades para admitir y expresar los propios sentimientos, sentirse a merced de las emociones, manías, depresiones.

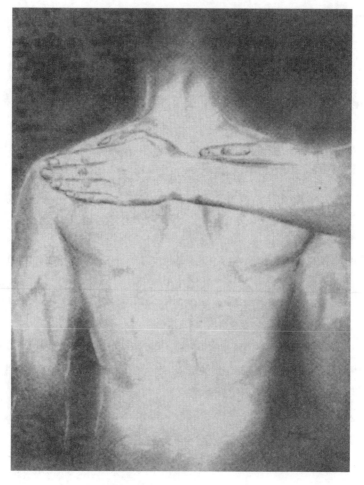

Figura 18. Posición número 11

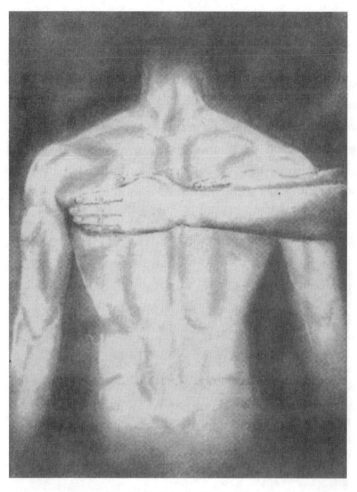

Figura 19. Posición número 12

Posición número 13:

Las manos se colocan en la parte trasera de las costillas inferiores, sobre los riñones.

Glándulas suprarrenales y riñones.

Estrés, problemas de la pareja, toda clase de dificultades en las relaciones interpersonales, enfermedades de los riñones, alergias, *shocks* (¡esta posición es muy importante para prevenir posibles fallos renales tras haber sufrido un *shock*!), desintoxicación, problemas sexuales, temor a la proximidad física de otras personas, miedo a la altitud y a las caídas, dificultades para admitir los sentimientos.

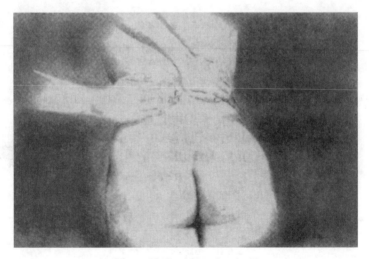

Figura 20. Posición número 13

Posición número 14:

Una mano se coloca horizontalmente sobre la lámina ósea del hueso sacro y la otra se sitúa debajo, verticalmente, ejerciendo una presión algo mayor.

1er chakra, intestinos, órganos urogenitales, ciática.

Fortalecimiento genérico, hemorroides, problemas digestivos, fisuras e infecciones intestinales, enfermedades de los órganos urogenitales.

Posición número 15:

Las manos se colocan sobre las corvas (huecos poplíteos de las rodillas).

Chakras secundarios (flexibilidad para adaptarse a diferentes situaciones vitales, capacidad de aprendizaje, capacidad crítica), articulaciones de las rodillas, menisco, rótula, bolsa sinovial.

Lesiones en las articulaciones, lesiones deportivas, bloqueos que perturben el flujo energético que va desde los pies hasta el chakra *Mulhadara*.

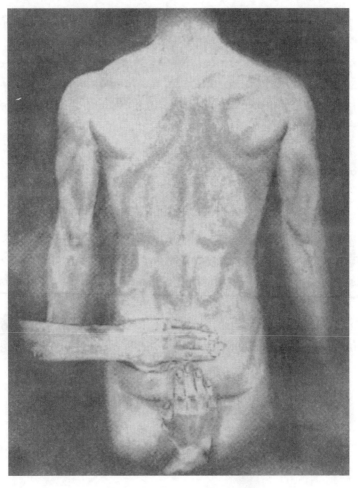

Figura 21. Posición número 14

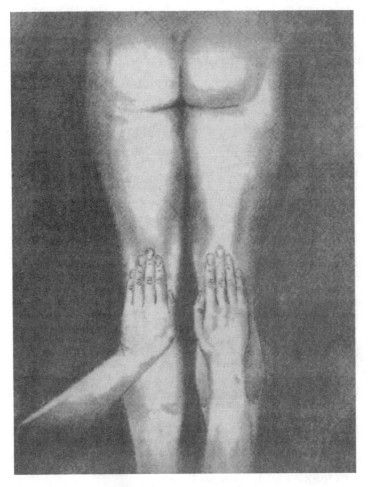

Figura 22. Posición número 15

Posición número 16:

Las manos envuelven los tobillos.

Articulaciones, zonas reflejas de los órganos pélvicos.

Lesiones de las articulaciones, bloqueos que frenen los flujos energéticos hacia el chakra base o raíz, todo tipo de enfermedades que afecten a la región pélvica.

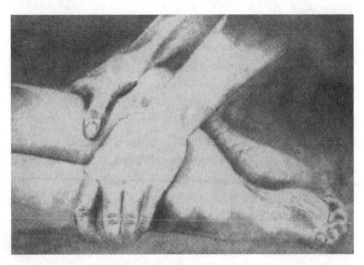

Figura 23. Posición número 16

Posición número 17:

Las manos se colocan sobre las plantas de los pies, cubriendo las puntas de los dedos.

Zonas reflejas de todos los órganos corporales, meridianos del estómago, del hígado, de los riñones y de la vesícula biliar.

«Toma de tierra» de todos los chakras y regiones corporales, dolores de cabeza, fortalecimiento del chakra raíz y del aura, ideal para personas muy sensibles, aconsejable tras los estados de coma, narcosis y toda clase de *shocks*. A través de las plantas, la parte superior de los pies y los tobillos, se puede conseguir un tratamiento integral muy efectivo.

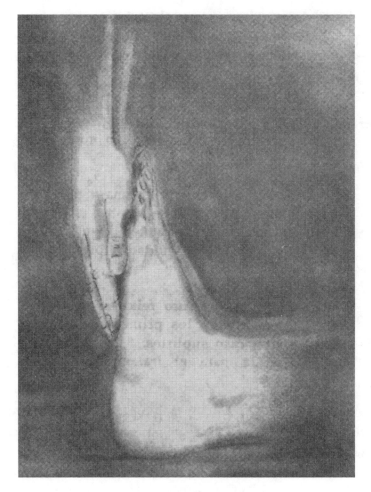

Figura 24. Posición número 17

Posiciones especiales

Diabetes:

Las manos se colocan sobre los codos. Tratamiento asiduo. Cada sesión deberá durar al menos 10 minutos.

Problemas con las articulaciones de las caderas:

Las manos se sitúan sobre las caderas. Tratamiento asiduo y muy prolongado. La sesión nunca durará menos de 10 minutos.

Esclerosis múltiple:

Las manos se colocan sobre el cráneo. Tratamiento asiduo y cada vez que se produzca un empeoramiento. La sesión tampoco debe durar menos de 10 minutos.

Ciática:

Una mano cubre la lámina ósea del hueso sacro y la otra se coloca sobre la planta de uno de los pies. Hay que tratar siempre ambas piernas, con asiduidad. Duración de la sesión: 10 minutos como mínimo.

Infarto de miocardio:

Las manos se emplazan por encima y por debajo del corazón, ¡nunca directamente sobre él! En caso de infarto, avisa inmediatamente al médico. Esta posición se emplea en los cuidados posteriores al infarto.

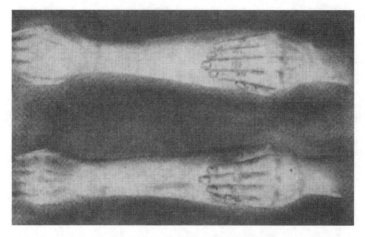

Figura 25. Posición especial para la diabetes

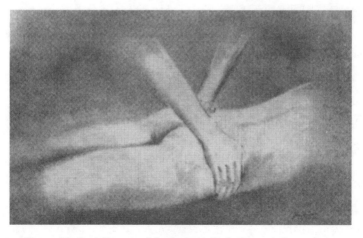

Figura 26. Posición especial para las articulaciones de las caderas

Figura 27. Posición especial para la esclerosis múltiple

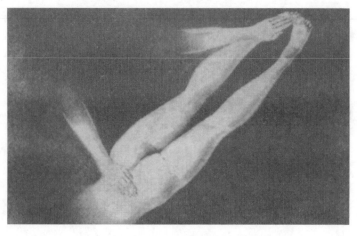

Figura 28. Posición especial para la ciática

Recuerda: el tratamiento reiki, aunque puede ser un complemento de los primeros auxilios, no puede en ningún caso suplirlos. Esta limitación es igualmente válida para el tratamiento de cualquier enfermedad.

Los efectos curativos del reiki se calculan de la siguiente manera: duración del tratamiento x frecuencia de las sesiones x capacidad del canal reiki que administra el tratamiento x disposición positiva subconsciente de la persona tratada x voluntad divina. Es decir, que ¡sin Dios no puede funcionar nada!

Por cierto, Él, o Ella, o Ello, nunca suele estar en contra de la curación, sólo en casos muy concretos. Somos nosotros mismos quienes creamos la mayoría de los obstáculos.

Capítulo 6

Aplicaciones locales
del REIKI

En este capítulo expondré algunas informaciones básicas acerca de las aplicaciones locales del reiki. Para conocer qué posición es adecuada para un fin específico hay que consultar el resumen del capítulo anterior. Pero antes de aplicar la energía reiki de un modo local, habría que plantearse las siguientes preguntas:

«¿Por qué creo que tiene sentido practicar aplicaciones locales en el marco del tratamiento integral?»

La utilización puntual de la fuerza reiki puede resultar bastante útil en los casos de bloqueos localmente determinados o en las sintomatologías agudas. La siguiente regla empírica puede ser efectiva: aquellos bloqueos que dificulten la absorción de la energía reiki deberán ser ablandados antes de iniciar el trabajo genuino. Este tipo de bloqueos crónicos suelen resultar fríos al tacto y no admiten flujo alguno. En ellos se almacenan los traumas antiguos, los *shocks* no asimilados, etc. Existe otro tipo de bloqueos, resultado de la acumulación de una energía «caliente», «histérica», que no deben ser ablandados antes de concluir el tratamiento. Estas congestiones energéticas agudas o subagudas se normalizan con relativa facilidad, aunque tienden a reaparecer debido a que el bloqueo sigue existiendo a un nivel profundo. En caso de duda, lo mejor es renunciar a la aplicación local y utilizar el tratamiento integral.

Es probable que el desbloqueo de estas congestiones provoque en el receptor llantos convulsivos, risa, tristeza, etc. Debes estar preparado para ello y tener cuidado de que no abandone la sesión con un bloqueo algo relajado pero que no ha llegado a desaparecer realmente, porque entonces puede ocurrir que cuando se encuentre solo y sin ayuda, cualquier nimiedad provoque en él un desbordamiento emotivo. A veces resulta muy difícil saber con qué rapidez se está deshaciendo un bloqueo y qué cantidad de energía se está liberando. Es muy importante que el paciente vuelva a integrar la energía liberada y que acepte los sentimientos que ello le produzca. Los problemas surgen cuando el individuo toma conciencia de sus represiones sin ser capaz de enfrentarlas. El reiki, en sí mismo, suele resultar insuficiente para llevar a cabo este trabajo integrador, puesto que requiere demasiado tiempo. Actualmente existen numerosas terapias psicológicas que podrían emplearse como complemento.

Una posibilidad interesante consiste en trabajar con cuarzos rosas.

En el plano orgánico pueden resultar muy útiles los trabajos específicos, esto es, las aportaciones puntuales de energía vital a aquellos órganos y vasos que se encuentren debilitados. Las posiciones especiales descritas en el capítulo 5 apuntan en esa dirección.

«¿Es aconsejable a veces aplicar el reiki localmente, sin otros tratamientos adicionales?»

La pregunta merece una respuesta afirmativa, sobre todo en los casos urgentes. Aplicar el reiki puede resultar muy útil, incluso decisivo, en los *shocks* renales, hemorragias, etc., o simplemente para calmar al enfermo mientras se espera la llegada del médico.

Otros campos de aplicación son las lesiones de poca importancia, como las quemaduras leves, los pequeños cortes o las picaduras de insectos, y los trastornos ligeros, como los calambres provocados por el ejercicio deportivo, la pesadez de estómago, las náuseas, los dolores de cabeza y de garganta, etc. Todos estos padecimientos pueden ser tratados mediante el reiki en lugar de recurrir inmediatamente a la «porra química».

«¿Qué tipo de medidas pueden complementar mi trabajo reiki?»

Antes de iniciar una sesión puede ser muy útil crear un clima de confianza mediante el empleo de fragancias, música, o simplemente conversando. También es provechoso tomar cualquier medida que potencie la receptividad del paciente: el trabajo con gemas, los masajes con aceites de esencias, los mantras y las afirmaciones condicionales del tipo: «Estoy preparado para recibir amor», «Me acepto tal como soy», «Voy a permitirme ser íntegro», o algo similar. Es muy posible que tras la sesión haya que dialogar con el receptor, reflexionar acerca de las emociones que han sido liberadas. Con frecuencia ayuda bastante elegir alguna gema (véase el capítulo 9) o un perfume (véase el capítulo 10) que acompañen al individuo por el camino evolutivo que acaba de emprender.

Si llegas a la conclusión de que precisa de cuidados adicionales que van más allá de tus posibilidades o que se escapan de tu competencia legal, recomiéndale un buen terapeuta que pueda seguir ayudándole.

«¿Estoy en condiciones de asumir esta responsabilidad?
¿Tengo derecho a hacerlo desde el punto de vista jurídico?»

Si no encuentras una clara respuesta a la primera pregunta, puedes consultar un oráculo, o hablar con el paciente acerca de tus dudas. Esto te dará una mayor seguridad y contribuirá a aumentar su confianza en ti. A menudo, un diálogo esclarecedor es suficiente para solucionar el problema, pero si sigues sintiendo que la responsabilidad excede tus fuerzas, lo mejor será dejar el caso en manos de otro terapeuta más adecuado.

Si eres médico o naturópata, tú mismo podrás saber en cada momento cuáles son los límites de tu competencia profesional y legal. En el caso de que estés ejerciendo una

Figura 29. Ejercicio reiki de relajación

profesión que te permita aplicar tratamientos curativos en un sentido amplio, como por ejemplo la de masajista terapéutico, los márgenes jurídicos de tu actividad serán algo más estrechos que los de un médico, pero al menos estarán claramente definidos. Si no eres más que una persona particular que no posee ninguna clase de acreditación oficial, entonces, por muy sólida que sea tu formación, no estás autorizado para impartir terapias, y mucho menos de una manera profesional. Esta prohibición tan explícita se refiere tanto al terreno médico como al psicoterapéutico, por lo que si a pesar de todo insistes en seguir adelante, has de saber que incurrirás en un delito.

Como es lógico, nadie se opondrá a que ayudes a tu cónyuge a resolver sus pequeños problemas de salud, o a que transmitas la fuerza reiki a tus hijos. Tampoco resultará punible echarle una mano a tus familiares y amigos. Las complicaciones vendrán en cuanto pretendas cobrar algo por tus servicios. En cualquier caso, infórmate sobre la legislación vigente.

Las aplicaciones locales de la energía reiki por parte de profanos deberían servir sobre todo para prevenir y curar las pequeñas molestias cotidianas, puesto que en cualquier caso el método es más sano que engullir continuamente toda clase de medicamentos. Los problemas serios deben ser tratados por terapeutas cualificados poseedores de la correspondiente autorización. La información contenida en este libro pretende servirles de ayuda en su trabajo profesional con la energía reiki. Naturalmente, también puede servirte para tu uso particular. Como ya he dicho, en caso de urgencia pueden prestarte una gran ayuda.

Resumen

Aplicaciones específicas reiki

Los tratamientos locales reiki son útiles en los casos de urgencia, en el tratamiento de enfermedades de poca importancia, en los trastornos leves, para disolver directamente los bloqueos energéticos a fin de fortalecer determinados órganos o vasos.

Requieren la adopción de medidas complementarias, es decir, procurar que, antes de iniciar la sesión, el paciente se abra y esté dispuesto a recibir la fuerza vital y que, a su término, integre de una manera armoniosa la energía liberada.

Requieren además que seas consciente de cuál es exactamente tu cualificación y que conozcas tus limitaciones legales. Antes de iniciar el tratamiento deberás tener claro si puedes y debes asumir esa responsabilidad.

Capítulo 7

Diversos métodos para localizar las perturbaciones del sistema etérico de ENERGÍA

A veces, antes de iniciar la sesión, es importante determinar dónde están los puntos problemáticos del sistema de la energía etérica. Así quedarán definidos los lugares en los que habrá que poner un énfasis especial. En este capítulo encontrarás algunos de los numerosos métodos que existen para conseguirlo.

A medida que trabajes con el reiki, irás ganando sensibilidad. Tus manos, principalmente, lograrán con el tiempo percibir impresiones procedentes del plano energético. Hay un pequeño ejercicio capaz de aumentar la sensibilidad manual en un corto periodo de tiempo. Pon las manos a unos 50 cm una de otra, con las palmas mirando hacia dentro. Tómate 5 minutos aproximadamente para irlas uniendo progresivamente y capta los cambios que vayan produciéndose durante el proceso. Haciendo este sencillo ejercicio a diario, durante varias semanas, notarás que tu capacidad perceptiva aumenta rápidamente.

Pero... ¿qué hacer con tus percepciones? ¿Cómo interpretarlas? No existe una respuesta única para estas preguntas. Tendrás que ser tú mismo quien juzgue y clasifique los diferentes fenómenos que estés experimentando. No obstante, hay ciertos síntomas que suelen provocar percepciones similares en muchas personas, lo cual es de gran ayuda a la hora de realizar una correcta clasificación. En cualquier caso, averigua por ti mismo hasta qué punto te sirve esta clasificación, examina tus percepciones y compáralas con las definiciones que voy a proponerte. Al fin y al cabo lo que cuenta son tus propias sensaciones; tan sólo ellas podrán darte acceso a la información contenida en el plano etérico. ¿Cuáles son, entonces, esas percepciones y qué significan?

Hormigueo

Puede indicar la existencia de una infección. La sensación directa que experimentes te permitirá juzgar si se trata de un trastorno crónico o agudo. Si el grado de intensidad del hormigueo es muy alto —a veces se siente incluso en los hombros—, quizás exista una poderosa infección aguda. El análisis del sedimento de los glóbulos rojos podría ayudarte, siempre que seas médico, a establecer un diagnóstico definitivo. Si no lo eres, pídele a tu paciente que consulte con alguno en el plazo más breve posible. La fuerza reiki es especialmente eficaz contra las infecciones agudas, ya sea como único remedio (cuando la infección es leve) o acompañada por otras terapias.

Frío

Quizás exista un antiguo bloqueo que, por estar desconectado del flujo de los procesos corporales, esté incidiendo sobre la viveza del organismo. Si es así, y suponiendo que tu paciente esté dispuesto a iniciar un proceso de concienciación, será preciso un largo trabajo preparatorio y mucha fuerza reiki para lograr que el bloqueo se disuelva. Sé precavido y actúa con sensibilidad, haciéndote cargo de los temores que se apoderarán del receptor. En estos casos, la fuerza reiki ha de ser aplicada por todo el cuerpo. A menudo, estos bloqueos esconden un gran potencial de crecimiento. Su desarrollo, no obstante, requerirá de un arduo trabajo.

Calor

Puedes interpretarlo como una señal de que tu paciente necesita y asimila de buen grado la energía vital. Las sensaciones caloríficas pueden abarcar un amplio espectro, desde lo templado hasta lo ardiente, pero no deben llegar en ningún caso a ser desagradables. Un organismo exhausto carece de reparos a la hora de absorber la energía que precisa. Cuando sientas el mismo calor a lo largo de todo el cuerpo del paciente, aplica la fuerza reiki a un punto cualquiera, y se distribuirá por sí sola hasta alcanzar las zonas necesitadas, sin que surjan mayores obstáculos ni haya que temer que se produzcan reacciones difíciles de controlar.

Adherencia

Cuando las manos tienden a adherirse a un punto determinado, puedes esperar que el punto en cuestión admita bastante bien la fuerza reiki, porque la necesita con urgencia. Cuando la sensación de adherencia vaya cediendo, espera un poco antes de pasar a otra posición; puede que aparezca una nueva percepción o que experimentes una vibración diferente.

Rechazo

Probablemente exista un bloqueo profundamente arraigado que no deja pasar ni una gota de vitalidad. Averigua si el paciente está dispuesto a iniciar un proceso de concienciación. En caso afirmativo, prepáralo mediante técnicas de apoyo, esto es, afirmaciones condicionales, los procedimientos curativos del 2º grado, etc. No pierdas de vista sus miedos y deja que el tiempo juegue a tu favor.

Fluidez

Esta sensación significará que la energía vital ya está circulando y que los vitalizantes estímulos adicionales que le estás suministrando son bien recibidos. Tu ayuda contribuirá a elevar la frecuencia vibratoria de todo el sistema. El receptor sentirá amor y seguridad en cada sesión y tú tendrás la hermosa oportunidad de presenciar un proceso de crecimiento armonioso.

Dolor punzante

Indica probablemente la existencia de una congestión energética que se está diluyendo. La energía que se libera asciende hasta la conciencia, integrándose en el sistema energético adyacente. Dado que la confrontación con los elementos reprimidos implica casi siempre dolor, no es conveniente cortar demasiado pronto la sesión. Recuerda que debes incluir todo el cuerpo en el tratamiento y que, una vez concluido éste, es aconsejable ayudar al paciente para que aprenda a integrar las energías que están siendo liberadas.

Dolor sordo

Puede indicar la existencia de una antigua congestión que se encuentra en estado preconsciente y que está preparada para ser disuelta. Aplica la fuerza reiki en el lugar donde hayas percibido la congestión tantas veces como sea necesario, hasta que la estructura endurecida se haya desvanecido totalmente. Aunque puede contribuir a acelerar la descongestión, no es indispensable aplicar un tratamiento integral. Observa atentamente el proceso y cuando sientas que la congestión comienza a disolverse, habrá llegado el momento de extender el tratamiento al resto del cuerpo.

Dolor tenso

Existe una congestión energética en proceso de disolución que no se está integrando en el sistema adyacente. Es preciso aplicar asiduamente el tratamiento reiki, incluyendo la totalidad del cuerpo.

Hay otros métodos para captar con las manos los estados de la energía. Uno de ellos consiste en observar la actividad de los chakras (véase el capítulo 8). El paciente deberá permanecer erguido, bien de pie o sentado en un taburete. Ponle la palma de una mano sobre un chakra, frontalmente, y la otra en la parte posterior. Concéntrate en tus percepciones. ¿Qué sientes? Anota los resultados obtenidos con cada chakra y analiza por separado las sensaciones que hayas experimentado en cada mano, interpretándolas a la luz de lo expuesto en este capítulo y en el siguiente. A veces, merece la pena incluir en el examen algunos chakras secundarios.

Con frecuencia las sensaciones del receptor serán diferentes de las tuyas. No te dejes confundir y juzga en función de tus propias percepciones. Tú eres el canal reiki, lo que cuenta es lo que tú sientas. Evita en lo posible explicarle con detalle dónde están localizados sus bloqueos y qué es lo que se esconde detrás de ellos, porque lo único que conseguirás será desconcertarlo. Si tienes alguna formación y sabes utilizar adecuadamente el diálogo terapéutico, vuestro trato se verá beneficiado.

El péndulo también puede servirnos para localizar los bloqueos. En las tablas pendulares del apéndice encontrarás información sobre la forma de usarlo en relación con los chakras y los órganos importantes del cuerpo, además de algunas medidas complementarias que os ayudarán, tanto a ti como al paciente, a enfocar vuestro trabajo común. Si no has empleado nunca un péndulo, antes de empezar a utilizar las tablas deberás formarte y acumular la mayor cantidad posible de experiencia práctica. El péndulo es un instrumento tan útil como fácil de malinterpretar.

Las tablas pueden utilizarse de varias maneras, por ejemplo formulándoles las siguientes preguntas:

— ¿Cuál es el origen del trastorno? Cerciórate de si hay una sola causa o son varias.
— En este momento, ¿hacia qué órgano, chakra, vaso u otra parte del cuerpo es prioritario dirigir el aporte de energía? ¿Hay otros puntos que requieran un tratamiento preferente? ¿Cuáles son?
— ¿Existe algún órgano, chakra, vaso u otra parte del cuerpo que no debería recibir la fuerza reiki? Quizás haya que excluir algunos sectores, compruébalo.
— ¿Qué medidas preparatorias hay que adoptar?
— ¿Qué tipo de cuidados serán necesarios después de la sesión?
— ¿He cometido algún error con el péndulo?

Para responder a estas preguntas no es necesaria la presencia del paciente. Bastará con una fotografía, un texto escrito por él o simplemente una adecuada impresión personal. Tras la sesión, pregúntate si se ha producido algún cambio esencial que requiera la adopción de nuevas medidas.

El péndulo también puede emplearse directamente sobre el cuerpo, sin la ayuda de las tablas. Establece previamente qué movimiento significará «sí», cuál significará «no» y cuál «no lo sé».

Cuando desees llevar a cabo una aplicación local, el péndulo te guiará hacia la zona que más lo necesite en ese momento. El receptor deberá estar echado delante de ti, y tú de pie, a su lado. Entonces hazte la siguiente pregunta: «¿Cuál es la zona del cuerpo donde la energía reiki puede surtir los mejores efectos?». Permite que el péndulo te guíe hacia ella. Te indicará una dirección o bien se detendrá sobre un punto determinado y comenzará a efectuar el movimiento que signifique «sí». Naturalmente, el código de comunicación entre tú y el péndulo, como ya he dicho, deberá haber sido establecido previamente.

También es posible trabajar «mentalmente», es decir, sin contacto directo ni tablas. Para ello, pregúntale a cada órgano, chakra o vaso, y aplica la energía reiki a todas aquellas partes que hayan provocado una respuesta afirmativa.

El uso del péndulo, como el de cualquier otro sistema de interpretación, sólo está justificado cuando se piensa que podrían surgir problemas durante la sesión o cuando se quiere obtener el máximo éxito en las aplicaciones locales. Todos estos métodos han sido comprobados, y su práctica se ha revelado como muy efectiva. Pero no olvides que tú solamente eres un canal y que la última palabra en cuanto a la efectividad siempre la tiene Dios. Lo anterior no debe servir tampoco como un pretexto para disfrazar la carencia de conocimiento.

Algunos sistemas adivinatorios tradicionales pueden proporcionarte una información fundamental y bastante exhaustiva sobre el sentido y el transcurso de un tratamiento prolongado. Me refiero sobre todo al tarot (juego de naipes basado en la doctrina cabalística), a las runas (antiguo sistema germánico de símbolos que sirven para representar las pautas de energía universales) y al *I Ching* (sistema oracular de la antigua China de más de cuatro mil años de antigüedad cuya precisión es casi matemática). Lógicamente, se precisa una amplia y fundamentada experiencia previa en el manejo de estos oráculos para responder a cuestiones importantes. Los errores de interpretación, entiéndelo, pueden tener serias consecuencias...

Yo, personalmente, me inclino por el *I Ching*. A partir de una traducción clásica, he elaborado un sistema de evaluación del estado de la materia etérica que incluye chakras, meridianos, órganos corporales y procesos anímicos y mentales. Desgraciadamente, mi sistema es tan extenso que no tiene cabida en el marco de este libro. Hay materia suficiente para otro libro que quizás escriba algún día. En algunos seminarios especializados estoy enseñando ya cómo se utiliza en la práctica.

Resumen

Diversos métodos para localizar las perturbaciones del sistema de la energía etérica

Los puntos de tratamiento preferente y aquellos que no deben recibir la energía reiki se pueden determinar mediante:

– Un péndulo (con las tablas del apéndice, directa o mentalmente).

– Consultando el *I Ching* u otros sistemas adivinatorios que conozcas bien.

Los bloqueos se localizan a través de:
– Las sensaciones percibidas por tus manos.
– La consulta de oráculos.
– El conocimiento de las causas bioenergéticas.

Las causas de un trastorno de salud pueden determinarse mediante:
– La consulta de oráculos.
– El diálogo terapéutico (suponiendo que domines las técnicas apropiadas).

Naturalmente, no es preciso utilizar de forma continua los métodos descritos en este capítulo. Están pensados principalmente para casos delicados y difíciles de evaluar. Si te enfrentas a menudo con este tipo de casos, tu intuición se desarrollará cada vez más y no necesitarás «muletas técnicas» de ninguna clase. Tómate muy en serio tu responsabilidad y asegúrate una y otra vez de que tus juicios son correctos.

Capítulo **8**

Cómo trabajar los chakras
con el REIKI

Los chakras son los centros de la energía etérea del ser humano. El concepto de «chakra» procede de la India, o más exactamente, es una palabra sánscrita que en español puede significar, entre otras cosas, «círculo» o «rueda». La medicina asiática tradicional los conoce desde hace milenios, y los emplea en los diagnósticos y en las terapias físicas y psíquicas.

Las funciones de los chakras son muy variadas: por un lado son el equivalente etérico de los órganos (o grupos de órganos) que se les atribuyen. Por otro resultan determinantes en el desarrollo de nuestra vida a todos los niveles, por lo que puede decirse que reflejan nuestro estado evolutivo. Los chakras, que están relacionados con los meridianos y con las zonas reflejas de acupuntura, se dividen en principales y secundarios. Además de todo esto, forman parte de otro sistema altamente estructurado que sólo es conocido, según creo, por los místicos de la India y de la Polinesia. Creo importante mencionar esto porque en el trabajo con los chakras a veces surgen problemas que no pueden solucionarse con las técnicas habituales. Los chakras constituyen la conexión entre las altas esferas etéreas y los bajos niveles materiales. En esto radica su importancia. Si se está disolviendo un bloqueo de tipo kármico, por ejemplo, sin que los chakras correspondientes sean capaces de funcionar a plena satisfacción, la energía que se libera no podrá actuar en el plano material. Este tipo de proceso erróneo es muy frecuente al tratar con lo etérico. ¿Quién no ha oído alguna vez una queja como ésta?: «¡Llevo mucho tiempo trabajando para evolucionar espiritualmente, pero tal trastorno físico se niega a desaparecer!».

Por otro lado, no siempre es suficiente con «reparar» un determinado chakra para conseguir la curación o una mejora de nuestras circunstancias. El fondo del problema está constituido por deudas no resueltas pertenecientes al nivel kármico. Ésta es la razón de que el tratamiento, inevitablemente, tenga que quedarse en la superficie.

Simplificando, dentro del sistema energético podemos establecer la siguiente jerarquía:

POLO MATERIAL

↓   ↓

Sector I: órganos (por ejemplo el hígado), nervios (por ejemplo el trigémino)

Sector II: meridianos (por ejemplo el meridiano de los riñones)

Sector III: chakras secundarios (por ejemplo los centros energéticos de las manos)

Sector IV: nivel kármico-individual (por ejemplo los complejos de culpa y las fijaciones que datan de anteriores encarnaciones)

Sector V: nivel kármico-social (por ejemplo los complejos de culpa y las fijaciones cuyas causas son de origen social o grupal. Palabra clave: «culpa colectiva»)

↑   ↑

POLO IDEAL O ESPIRITUAL

Esta distribución resulta muy útil para evaluar y tratar los trastornos de salud. Empleando un péndulo, o a través de un oráculo con el que estés familiarizado, podrás averiguar en qué nivel energético se encuentra el origen de los bloqueos y dirigir la fuerza reiki hacia el lugar apropiado. Te ahorrarás un tiempo que de otra manera tendrías que invertir en trabajos energéticos demasiado superficiales o excesivamente profundos. Cuanto más reciente y orgánico sea el trastorno, más fácil resultará proveerlo de la energía reiki. Los bloqueos kármicos, tanto individuales como grupales, sólo pueden ser disueltos mediante tratamientos integrales asiduos y prolongados que vayan acompañados de otras medidas terapéuticas. La fuerza reiki actúa sobre los bloqueos de todos los sectores, pero en lo referente a los niveles IV y V, es necesario, además, vivir plenamente la energía bloqueada, experimentarla conscientemente de la forma que sea. El reiki te estimula, despierta tu curiosidad, te aporta energía, pero no suple la necesidad de que vivas y experimentes con las energías que configuran tu vida.

Ahora voy a darte algunas ideas para que puedas emplear el reiki en la corrección de trastornos de los distintos sectores:

Sector I: aplicar la energía localmente, es decir, sobre los órganos y las zonas reflejas correspondientes.

Sector II: aplicar la energía a lo largo de los meridianos y sobre los órganos principales.

Sector III: armonizar los chakras, trabajar especialmente sobre ellos, aplicar la energía tanto sobre los chakras principales como sobre los secundarios.

Sector IV: tratamiento integral, terapia mental del 2° grado, trabajo complementario sobre los correspondientes chakras principales.

Sector V: tratamiento integral, terapia mental del 2° grado, trabajo complementario sobre los correspondientes chakras principales.

Todo esto no debe entenderse como una lista de «instrucciones» de obligado cumplimiento, sino como ejemplos destinados a estimular tu reflexión. Si piensas que sería conveniente emplear otros métodos adicionales, hazlo. La fuerza reiki es extremadamente eficaz, pero como todas las cosas de la Tierra, no es ninguna panacea que pueda liberarnos inmediatamente de cualquier mal.

Ejemplos prácticos de trastornos en los diferentes sectores

Como es lógico, el típico «accidente de cocina», cortarse el dedo con el cuchillo de pelar verduras, no requerirá que se traten los chakras 1°, 2° o 3°. Eso sólo será necesario cuando sucedan accidentes de mayor alcance. Para cortar las hemorragias leves y prevenir las complicaciones, bastará con que pongas la mano por encima de la herida. Si el corte es más profundo y afecta a algún nervio, será necesario restablecer el equilibrio del sector una vez que la lesión haya sido tratada. Veamos un ejemplo: imagínate que estás tan irritado, tan estresado, que te haces un corte en un dedo. En tal caso, para eliminar las causas profundas del accidente y después de haberle aplicado a la herida los cuidados debidos, será de gran ayuda proceder a equilibrar los hemisferios cerebrales y armonizar el chakra del plexo solar mediante la fuerza reiki.

Los chakras estarán en juego siempre que alguien se corte o se lesione constantemente, sin que exista causa orgánica que lo explique (por ejemplo una visión defectuosa). El origen de la predisposición a los accidentes puede estar en un mal funcionamiento del 1er chakra. El individuo permite que algo le cause daño, su «voluntad de vivir», por alguna razón, no es lo suficientemente fuerte para oponerse a sus continuos accidentes. En estos casos, además de aplicar la energía reiki sobre la región pélvica, habría que dialogar con el paciente para buscar la causa profunda de la predisposición, y una vez encontrada, eliminarla mediante el adecuado tratamiento local. Si la causa fuera un complejo de culpabilidad, habría que incluir los sectores kármicos en el tratamiento y, por consiguiente, aplicar un tratamiento integral o la terapia mental del 2º grado.

Lo expuesto hasta ahora es suficiente para una primera evaluación de la situación del paciente en relación con el plano etérico. Para profundizar aún más, puedes asistir a cursos y seminarios sobre chakras, acupuntura, anatomía, etc., además de procurarte libros adecuados.

Actualmente es posible encontrar un gran número de libros interesantes sobre los chakras, aunque tanta abundancia puede plantearle problemas al principiante. ¿Cómo orientarse entre la multitud de sistemas y clasificaciones existentes? El yoga clásico de la India habla de seis chakras, el yoga budista del Tíbet, de cinco o seis y el yoga taoísta, de siete centros energéticos. Pero el tema no se detiene ahí. No pocos maestros contemporáneos hablan de nueve centros principales, argumentando que este número se corresponde con los nueve planetas del sistema solar. Los sistemas más avanzados describen, por el momento, hasta doce centros de energía.

El desacuerdo no se limita al número. Hay sistemas que distinguen entre los chakras raíz y sexual, mientras que otros consideran que ambos son uno solo. A menudo, al chakra sexual se lo llama chakra del bazo, y se ubica en la región esplénica. Ciertos maestros declaran que el 3er chakra se halla debajo del ombligo, y otros que se encuentra cerca del plexo solar. Podría seguir alargando esta lista de incongruencias, pero creo que con lo expuesto la problemática de la doctrina de los chakras ya resulta bastante explícita. La misma confusión que te embarga a ti en este momento me embargó a mí cuando empecé a ocuparme de los procesos etéreos de mi cuerpo. ¿Cómo aclarar el embrollo?

La solución es fácil: todos los sistemas tienen razón.

¿Estás aún más confuso? Intentaré explicarte lo que quiero decir. Volvamos a la estructura jerárquica del sistema energético de los seres humanos. Recuerda que iba desde el polo material hacia el polo ideal.

«Material» significa hecho de materia, concebible, definible, mensurable y ponderable, inerte, inteligible a través del análisis, perceptible objetivamente; se trata del polo formado, modelado (yin).

«Ideal» significa energético, inconcebible, in definible, volátil, fluido y sutil, comprensible sinérgicamente, atemporal, perceptible subjetivamente, carente de forma (yang).

No hay duda de que los chakras existen. Pueden ser comprobados de manera indirecta empleando medios electrónicos de alta tecnología. Los videntes son capaces de describirlos y de extraer conclusiones, corroborables a posteriori mediante otro tipo de exploraciones, en función del aspecto que tengan. Cualquiera puede aprender a trabajar con ellos. Ahora bien, cuando hay diferentes personas trabajando en lo mismo, los resultados que obtienen casi siempre son distintos (lo mismo les sucede a los expertos de cualquier rama del saber). Resulta inevitable que los diferentes investigadores localicen los chakras en sitios distintos y que sus funciones se vean definidas de modos desiguales.

Esto se comprende más fácilmente teniendo en cuenta que los chakras pertenecen, desde un punto de vista cualitativo, a la esfera «ideal» de la vida, al polo cuya naturaleza carece de forma. Por consiguiente, la posición y las funciones de estos importantes centros energéticos, ya que no se encuentran determinados por las circunstancias materiales, dependerán esencialmente de la visión subjetiva del interesado.

La forma en que una persona «ve» su propia estructura psicológica y evalúa sus funciones está condicionada por su cultura —con todas sus tradiciones y conceptos—, por la raza a la que pertenece, por su karma individual, por su desarrollo personal y por el desarrollo de su grupo social. Por todo ello, las definiciones de los chakras que pueda darnos un esquimal, un judío, un chino, un cristiano o un hindú poseerán diferencias inevitables, aunque todas y cada una de ellas sean válidas en sus respectivos ámbitos culturales.

Esto equivale a decir que si tú estás firmemente convencido de que llevas en tu interior nueve, o tres, o siete chakras, y te pones a trabajar con ellos, tu labor se verá coronada por el éxito. ¡Magnífico!, ¿no? Pero la situación, ya lo estarás sospechando, no es tan fácil. No es posible llegar y lanzar cualquier definición arbitraria de los chakras. Si abrigabas la intención de inventarte, por ejemplo, un sistema de sesenta y cuatro chakras, lo mejor es que desistas.

Has nacido y crecido en un contexto histórico y social determinado y, por lo tanto, habrás de respetar ciertas concepciones acerca de tu mundo interior, que por otro lado ya estarán hondamente ancladas en ti.

¿De qué te sirve haber comprendido que incluso los chakras son una cuestión relativa? Para ahorrarte múltiples reflexiones acerca de la exactitud de los diferentes sistemas. Tampoco necesitarás participar en ninguna discusión acalorada sobre diversos puntos de vista o sobre pruebas científicas o históricas aportadas con objeto de validar un sistema u otro. Lo único que tienes que hacer es asomarte a tu interior, escuchar, decidir qué sistema es el mejor y empezar a trabajar enseguida.

Insisto: sumérgete en tu interior e intenta delimitar el sistema que estás percibiendo. Cuando lo hayas hecho, sabrás cuál es el marco en el que tienes que moverte y qué chakras puedes incluir en tu trabajo. A continuación, comienza a hacer ejercicios, y llena ese marco de conocimiento y de experiencia, libremente. Con el paso del tiempo, te será fácil comprobar si tu sistema es una realidad o si, por el contrario, te has engañado a ti mismo, por la razón que sea. En ocasiones nos vemos impelidos a adoptar un sistema que no coincide con nuestras condiciones subjetivas. En tales casos, el I Ching o los ejercicios del yoga taoísta pueden resultarnos de gran ayuda.

Tu trabajo se verá beneficiado si el sistema que adoptas es armónico y completo, si constituye una síntesis coherente de todas aquellas posibilidades e interrelaciones de los demás sistemas que ya existen. Así, no tendrás que «reinventarte la rueda».

Ahora voy a presentarte mi sistema, que es tan bueno como cualquier otro. Al emplearlo, obtendrás la ventaja que supone mi experiencia y mi trabajo. Lo conozco perfectamente y puedo darte numerosos consejos que te ayudarán a ponerlo en práctica.

Con frecuencia, la estructura etérica de la mayoría de las personas pertenecientes a una misma tradición cultural es bastante parecida. Por este motivo creo que tú también podrías utilizar mi sistema con éxito. Si perteneces a otra tradición cultural, recuerda que existen distinciones e intenta descubrir qué sistema te conviene más. Una vez que hayas asimilado cualquiera más o menos complejo, no tendrás dificultades para entender y practicar los restantes.

Antes de entrar en detalles, de daré algunas instrucciones para cumplimentar los cuestionarios (chakragramas) que encontrarás en las páginas siguientes.

Al lado de cada concepto de los que figuran a la izquierda, anota las primeras palabras que surjan en tu mente. Las asociaciones te permitirán conocer de un modo práctico las funciones de los chakras y cuál es tu actitud frente a ellos. Es muy importante saber con qué chakras se lleva uno bien y con cuáles no, con objeto de poder trabajar directamente sobre los segundos, ya sea con el reiki o con otro método. Has de saber qué partes de ti mismo aceptas con cariño y cuáles no. Así, reconocerás mejor tus limitaciones y dispondrás de una mayor conciencia para seguir la evolución de tus pacientes. Ésta es una condición básica para evaluar

CHAKRAGRAMA DE LA ESFERA EXISTENCIAL «TIERRA»

CHAKRA RAÍZ

Vida: _____ _____ _____ _____ _____

Muerte: _____ _____ _____ _____ _____

Lucha: _____ _____ _____ _____ _____

Trabajo: _____ _____ _____ _____ _____

Hijos: _____ _____ _____ _____ _____

Posesiones: _____ _____ _____ _____ _____

Tierra: _____ _____ _____ _____ _____

Raza: _____ _____ _____ _____ _____

CHAKRA SEXUAL

Contacto: _____ _____ _____ _____ _____

Proximidad: _____ _____ _____ _____ _____

Mujer: _____ _____ _____ _____ _____

Hombre: _____ _____ _____ _____ _____

Placer: _____ _____ _____ _____ _____

Conciencia: _____ _____ _____ _____ _____

Agua: _____ _____ _____ _____ _____

Madre: _____ _____ _____ _____ _____

CHAKRAGRAMA DE LA ESFERA EXISTENCIAL «SER HUMANO»

CHAKRA DEL PLEXO SOLAR

Poder: —— —— —— —— ——

Personalidad: —— —— —— —— ——

Yo: —— —— —— —— ——

Posesiones: —— —— —— —— ——

Miedo: —— —— —— —— ——

Envidia: —— —— —— —— ——

Belleza: —— —— —— —— ——

Padre: —— —— —— —— ——

Orgullo: —— —— —— —— ——

CHAKRA DEL CORAZÓN

Amor: —— —— —— —— ——

Vivir y dejar vivir: —— —— —— —— ——

Ley: —— —— —— —— ——

Curación: —— —— —— —— ——

Vida: —— —— —— —— ——

Unión: —— —— —— —— ——

Oscuridad: —— —— —— —— ——

Familia: —— —— —— —— ——

Sinceridad: —— —— —— —— ——

CHAKRAGRAMA DE LA ESFERA EXISTENCIAL «CIELO»

CHAKRA DE LA GARGANTA

Discusión: _____ _____ _____ _____ _____

Canto: _____ _____ _____ _____ _____

Voz: _____ _____ _____ _____ _____

Fuerza expresiva: _____ _____ _____ _____ _____

Resonancia: _____ _____ _____ _____ _____

Actitud: _____ _____ _____ _____ _____

Verdad: _____ _____ _____ _____ _____

Espectador: _____ _____ _____ _____ _____

Actor: _____ _____ _____ _____ _____

Público: _____ _____ _____ _____ _____

CHAKRA FRONTAL

Intuición: _____ _____ _____ _____ _____

Meta: _____ _____ _____ _____ _____

Fidelidad: _____ _____ _____ _____ _____

Intelecto: _____ _____ _____ _____ _____

Iluminación: _____ _____ _____ _____ _____

Análisis: _____ _____ _____ _____ _____

Síntesis: _____ _____ _____ _____ _____

Confianza: _____ _____ _____ _____ _____

Naturaleza: _____ _____ _____ _____ _____

correctamente las dificultades que pueden surgir durante el transcurso de las sesiones, para decidir qué tipo de medidas adicionales deben tomarse y en qué momento, o para identificar los sectores que es preciso evitar.

Los conceptos de cada cuestionario se refieren a una esfera de la existencia conectada con un determinado chakra, mientras que las asociaciones reflejan tu actitud momentánea en relación con las posibles experiencias de dicha esfera. No obstante, las asociaciones realizadas no serán suficientes para hacerse una idea completa acerca de tu actitud: también es preciso establecer si las palabras elegidas tienen para ti connotaciones positivas o negativas. Para completar la evaluación, anota junto a cada asociación un signo «+» o un signo «–», en función de lo que sientas con respecto a la palabra. No se aceptan los términos medios, que suelen ser producto del autoengaño, una máscara destinada a camuflar tu verdadera actitud y generada por el temor a que tus juicios pudieran revelar algo que tú mismo no quieres ver. Finalmente, haz un recuento de las valoraciones positivas y negativas de cada chakragrama.

Este pequeño ejercicio te demostrará hasta qué punto eres capaz de aceptarte tal como eres en las diferentes esferas existenciales. Un signo «+» significará que la palabra anotada ha sido «momentáneamente aceptada», y un signo «–», que ha sido «momentáneamente rechazada». Si sólo has obtenido valoraciones positivas, pueden suceder dos cosas: o bien te has mentido a ti mismo de un modo descarado, o bien sucede que, en este momento y en el ámbito de la esfera correspondiente, estás preparado para que la realidad se acerque a ti sin obstáculos, tal como es. Las esferas llenas de valoraciones positivas significan que, en esa área, tu autorrealización no se verá obstaculizada, puesto que careces de bloqueos, o si los tienes son muy débiles.

Cuando hayan transcurrido algunas semanas vuelve a ejecutar el ejercicio esmerada y sinceramente, y podrás darte cuenta de que tus evaluaciones han cambiado. Si el autotratamiento reiki ha sido muy intenso, podrá decirse que ya has empezado a trabajar plenamente con tus chakras.

El método puede servirte también para controlar las condiciones previas y los procesos evolutivos de tus pacientes. Pero no siempre es aconsejable utilizar los cuestionarios, porque algunas personas pueden interpretar que las están examinando. Ten en cuenta los temores de tus pacientes y procura deducir las posibles ambigüedades de las palabras anotadas. Al fin y al cabo, tus «gafas» tienen también un color determinado. Puede ocurrir que tu pretendida «conciencia» no resulte ser más que un prejuicio, y que vuestra relación terapéutica, en lugar de ser abierta y confiada, esté poblada de tensiones y de luchas de poder. No des lugar a que se establezca entre vosotros una relación del tipo «vamos a ver quién posee la auténtica conciencia y quién está más evolucionado». Respeta siempre las peculiaridades de tus receptores, y considéralos como lo que son: personas que están colaborando contigo en un proceso de búsqueda de la curación que os afecta a ambos.

La apertura de los chakras

En el caso de que aceptes tus chakras en todas las esferas y seas capaz de experimentar sus energías con auténtico placer, podrá decirse que estás muy cerca de la así denominada «iluminación», muy cerca de Dios, porque Él lo acepta todo tal como es, lo ama todo y todo lo sostiene, y no con las limitaciones propias de los seres humanos, sino en un sentido absoluto. Dios es el amor ilimitado.

Conceptos tales como «iluminación», «Dios» o «energía crística» se refieren en realidad a la aceptación incondicional del mundo. Jesucristo aceptó a Pedro como discípulo, amigo y apóstol, aunque sabía que en un momento difícil éste lo negaría hasta tres veces. ¿Qué se desprende de todo esto en relación con la doctrina de los chakras y el reiki?

La tan loada «apertura de los chakras» implica además que, una vez lograda, seamos capaces de aceptar amorosa e incondicionalmente todas las esferas existenciales. También implica la aceptación del mundo y de nuestros semejantes.

Abrir los chakras es una condición indispensable para que el individuo pueda llegar a integrar armoniosamente la energía *kundalini*, una vez que haya sido despertada, en su sistema de energía etérica. Cuando los chakras no están abiertos o lo están insuficientemente, avivar la energía *kundalini* se convierte en una catástrofe, en el sentido literal de la palabra. Voy a darte un ejemplo para que puedas hacerte una idea de los efectos: imagínate lo que sucedería con la goma de una manguera si a través de ella pasa un chorro de agua cuya presión fuese insoportable.

Con ayuda de la fuerza reiki se logra una apertura armoniosa de los chakras y el sistema etérico de energía adquiere la debida preparación para utilizar la *kundalini* de una manera constructiva. Pero antes de abrir los chakras es preciso limpiarlos, repararlos cuando sea necesario y conectarlos con el sistema de la energía interior. En el curso de estos procesos será inevitable que asciendan hasta la conciencia los complejos de culpa y las fijaciones existentes (opiniones dogmáticas según las cuales el mundo debería ser «así» y no de otra manera). Habrá que disolverlo todo, liberando la energía «congelada» necesaria para abrir los centros energéticos y asegurar su adecuado funcionamiento.

El tratamiento reiki, por sí solo, es suficiente para llevar a cabo buena parte del trabajo de apertura de los chakras, incluso aunque no sepas nada de ellos. No obstante, la curación será más profunda y rápida si somos capaces de prever posibles obstáculos.

Ya sabes que, durante los tratamientos, la energía reiki es «absorbida» por el receptor, pero en caso de que existan temores a cualquier clase de cambio dinámico, no se verán demasiados resultados al principio. Si, pese a sus miedos, el paciente desea iniciar el proceso curativo, puedes optar por crear las condiciones previas necesarias aplicando localmente la fuerza reiki. No hay muchos bloqueos que estén tan arraigados como para que no se despierte la curiosidad en el subconsciente del individuo, y cuando esto sucede, la fuerza reiki comienza a fluir, estimulando la autocuración en todos los planos.

Un ser que pretenda elevar su nivel de conciencia y desarrollar su capacidad de amar puede utilizar cualquier medio que tenga a su alcance, exceptuando, naturalmente, todos aquellos que atenten contra la voluntad ajena o que causen daño a los demás.

Pasemos ahora a describir las funciones de los distintos chakras. En mi sistema, el chakra raíz se sitúa en la parte más baja del tronco, entre las piernas, mientras que el chakra sexual se halla justamente encima del hueso púbico. Trataré ambos centros energéticos como un conjunto, ya que sus funciones son complementarias y los dos pertenecen a la esfera existencial «tierra».

Yo trabajo con seis chakras principales, otro chakra principal adicional y diez secundarios de cierta importancia. Existen muchos más chakras secundarios, pero en la mayoría de los casos son suficientes estos diez.

Los seis chakras principales son:

1° Chakra raíz.
2° Chakra sexual.
3° Chakra del plexo solar.
4° Chakra del corazón.
5° Chakra de la garganta.
6° Chakra frontal o tercer ojo.

Los diez chakras secundarios se distribuyen así:

— Dos chakras secundarios en las palmas de las manos. Regulan el contacto con el entorno y la transmisión de la energía vital. Están conectados con los riñones y con los chakras principales 2°, 3° y 4°.

— Dos chakras secundarios en las plantas de los pies. Regulan el contacto con la tierra, la absorción de la energía (toma de tierra) y la eliminación de la basura etérica. Están conectados con el hígado, la bilis, el aura y los chakras principales 1° y 3°.

— Dos chakras secundarios exactamente debajo de los hombros. Regulan nuestra manera de relacionarnos con la responsabilidad. Están conectados con los chakras principales 3° y 5°.

— Dos chakras secundarios en las articulaciones de las rodillas. Regulan la capacidad de aprender y de enseñar, la flexibilidad, el orgullo y los complejos de inferioridad. Están conectados con los chakras principales 5° y 6°.

— Dos chakras secundarios en las articulaciones de los codos. Regulan la capacidad de dar y recibir, así como la capacidad de imponerse. Están conectados con los pulmones, el páncreas y los chakras principales 2° y 3°.

En cuanto al chakra principal adicional, el 7°, al que denomino chakra craneal, apenas si lo incluiré en mis consideraciones, en parte porque su desarrollo depende de la purificación de los otros seis centros y en parte porque los procesos que implica son muy difíciles de describir con palabras o imágenes. Para comprender el 7° chakra hay que experimentarlo directamente.

Clasifico los seis chakras principales en tres grupos o esferas: «tierra», «ser humano» y «cielo». Cada grupo contiene dos chakras: uno de ellos refleja la estructura yang (idea) y el otro la estructura yin (experiencia), del modo que sigue:

PRIMER GRUPO: esfera existencial «tierra». Estructura o aspecto yang: chakra raíz. Estructura o aspecto yin: chakra sexual. Este grupo constituye el requisito básico para que podamos existir como seres encarnados en el plano material.

SEGUNDO GRUPO: esfera existencial «ser humano». Estructura o aspecto yang: chakra del plexo solar. Estructura o aspecto yin: chakra del corazón. Este grupo constituye el requisito básico de nuestra condición humana.

TERCER GRUPO: esfera existencial «cielo». Estructura o aspecto yang: chakra de la garganta. Estructura o aspecto yin: chakra frontal. Este grupo constituye el requisito básico de nuestra condición divina (libre desarrollo en sintonía con el universo).

La correspondencia de los chakras con las distintas esferas existenciales no es un mero juego teórico. Posee una aplicación práctica muy concreta: ayuda a comprender sinópticamente la temática y el ámbito de actuación de cada uno de los chakras y aporta información acerca de los orígenes de los bloqueos. Lo único que tienes que hacer es establecer en qué terrenos tu paciente se muestra vital y dinámico y en qué otros tiende hacia la rigidez y la fijación.

Por otro lado, las correspondencias de los cristales y las tres esferas existenciales son:

— Cristal de roca: Esfera existencial «tierra».
— Cuarzo rosa: Esfera existencial «ser humano».
— Amatista: Esfera existencial «cielo».

En el capítulo 8 encontrarás más información sobre las relaciones que existen entre los cristales y las esferas existenciales.

Mi conocimiento acerca de las esferas existenciales proceden del *I Ching*, que a mi juicio es el manual más instructivo que existe en relación con los chakras y el sistema de la energía etérica. No obstante, para emplear el *I Ching* se requiere cierta experiencia y el conocimiento de determinadas claves sin las cuales no es posible comprender sus mensajes ocultos.

Figura 30. Los siete chakras principales, contando desde abajo hacia arriba

Los chakras de la esfera
existencial «tierra»

El chakra raíz

A través del chakra raíz se expresa la voluntad de vivir. De él extraemos la energía para luchar por la vida y para relacionarnos sexualmente (la perpetuación de la especie es otra de sus funciones). Como los demás centros no pueden sustituirlo, cuando el chakra raíz no funciona bien ningún ser vivo puede desarrollarse armónicamente. Suministra la energía que necesitan los restantes chakras para establecer contacto con el entorno. Si no hay energía, ni voluntad de vivir, nada funciona. Por eso, cuando quieras trabajar los chakras con el reiki, lo primero que tendrás que hacer es determinar si este importante centro energético funciona adecuadamente.

Los bloqueos del chakra raíz se manifiestan a menudo de un modo psíquico, como actitudes teñidas de un pacifismo extremo («Nunca podría matar a nadie»); miedos existenciales («Dado el estado del mundo actual, ninguna persona razonable debería tener hijos»); agresividad excesiva («¡Hay que acabar con todos los sudacas!»); temor a la muerte («No puedo correr riesgos incalculables»); problemas de orden y de distribución del tiempo («¿Por qué llego siempre tarde?»); impaciencia («¿Por qué no avanza el idiota ese?»), o dependencia («No puedo vivir sin él/ella/esto»).

Las manifestaciones físicas de los bloqueos del chakra raíz suelen provocar molestias que afectan a los huesos, los dientes y la columna vertebral, trastornos reductores de la capacidad regenerativa y enfermedades del intestino grueso y el ano.

Frase característica para un chakra raíz trastornado: «Esa persona no tiene los pies en la tierra».

El chakra sexual

Este centro rige nuestra capacidad para contactar con el mundo y para ser contactados por él. De acuerdo con la ley hermética «como es dentro es fuera», la facultad de percibirse a uno mismo también tiene que ver con este chakra. Si no somos capaces de autopercibirnos, no podremos experimentar sensaciones eróticas, ni tener experiencias sexuales satisfactorias. Tampoco sabremos lo que es la auténtica alegría de vivir. La coordinación de la expresión corporal, la capacidad de gozar con las vivencias, el placer sensual en todas sus formas (deleite estético y cultural), todas estas maravillosas experiencias no podrían desplegarse en toda su dimensión sin la acción libre del chakra sexual.

Los efectos psíquicos de los bloqueos del chakra sexual son, entre otros, el miedo a la proximidad de otras personas («¡No me toques!»); las sensaciones de asco ante lo corporal («El sexo es para los animales; las personas hemos nacido para algo más elevado»); la obsesión por la limpieza; la «dureza de mollera» («¡No entiendo nada!»); la intelectualidad exagerada («¿Por qué necesito yo los sentimientos?»); una excesiva valoración de las sensaciones momentáneas («Reflexionar no sirve para nada. Yo hago lo que me apetece y punto»); desequilibrios del ritmo («No me gusta bailar y, además, no sé hacerlo», «¿Por qué me produce tanto dolor la menstruación?», «Yo prefiero trabajar de noche»); el aislamiento («Vivir en pareja no es lo mío, no me hace falta»); la frigidez, la impotencia, la incapacidad orgásmica («Yo no necesito el sexo, es aburrido, no sé qué le encuentra la gente»), o el miedo a las caídas («Nunca saltaría de un trampolín»). Quien no percibe su entorno o lo considera como un enemigo, no es capaz de protegerse y el miedo lo paraliza.

Las manifestaciones físicas más comunes de los bloqueos del chakra sexual son las enfermedades relacionadas con los líquidos corporales (sangre, linfa, saliva y bilis) o con los órganos que procesan esos líquidos (riñones, vejiga y ganglios linfáticos). En muchos casos se observa además una marcada propensión a contraer infecciones.

Mientras los chakras de la esfera existencial «tierra» no estén completamente abiertos, mientras no sean aceptados enteramente y con amor, mientras no los experimentemos sin restricciones, ningún otro chakra podrá funcionar adecuadamente ni ser abierto en su totalidad.

Frase característica para un chakra sexual trastornado: «Ese individuo carece de alegría de vivir».

Los chakras de la esfera existencial «ser humano»

Esta esfera, que rige las intenciones y capacidades personales y sociales, está compuesta por dos centros energéticos: el del plexo solar (polo yang de la esfera), o chakra de la personalidad, y el del corazón (polo yin). El primero se ocupa de las aspiraciones del yo, esto es, de la tarea de imponer la propia individualidad, mientras que el segundo es receptivo y está relacionado con la aceptación de uno mismo y de los demás.

Lo que se expresa a través del chakra del plexo solar es la voluntad individualizadora («Yo quiero, luego soy»). Los trastornos funcionales de este centro se manifiestan como ambición de poder, rigidez dogmática, miedo a la disolución de la individualidad, envidia, codicia y posesividad excesiva.

El chakra del plexo solar es muy importante en nuestro camino hacia Dios, porque constituye el punto de partida para la disolución del karma. Aquí se sitúan tanto nuestros sentimientos de culpa como nuestra libertad personal, es decir, nuestras limitaciones autoimpuestas y nuestra capacidad evolutiva potencialmente ilimitada. El individuo, si quiere ser capaz de admitir el libre desarrollo de los demás, de amarlos y de aceptarlos, deberá desprenderse previamente de sus miedos y sus sentimientos de culpa, así como de la ambición de poder que se deriva de todo ello. En resumen: el camino hacia un corazón abierto pasa inevitablemente por el plexo solar.

El chakra del plexo solar

Las manifestaciones psíquicas de un plexo solar bloqueado suelen ser las siguientes: ambición de poder («Mi marido, mi mujer, mi hijo, mi dinero»); codicia («La vida no tiene otro sentido que el de ganar cada vez más dinero, tener un amante y cambiar de coche todos los años»); consumismo excesivo («¡Necesito comprarme un vestido ya!»);

temor a perder el status social («¿Qué haré si me despiden, o si no apruebo el examen, o si no consigo ordenar el piso antes de que lleguen mis amigos?»), o envidia («¿Será posible que este hombre se haya comprado otro coche?»).

Las manifestaciones físicas suelen ser: gastropatías, infecciones del duodeno, disfunciones del páncreas, trastornos hepáticos y biliares, alteraciones de las glándulas salivares, etc.

Los individuos que padecen insuficiencias funcionales del chakra del plexo solar suelen tener un comportamiento muy apagado y pasar completamente desapercibidos. En cambio, aquellos que tienen un plexo solar hiperactivo normalmente son personalidades tiránicas, ansiosas de poder.

Frase característica para un chakra del plexo solar trastornado: «Ese individuo se apega al mundo con cada fibra de su ser».

El Chakra del corazón

Con un chakra del corazón en equilibrio somos capaces de aceptarnos a nosotros mismos y de aceptar a los demás tal como son. Si el chakra del plexo solar es el encargado de moldear nuestra personalidad, con el del corazón aprendemos a amar y a aceptar esa personalidad que nosotros mismos hemos forjado, con todas sus cualidades, tanto positivas como negativas.

La mejor recomendación para llevar a cabo esta tarea se encuentra en el mandamiento: «Ama a tu prójimo como a ti mismo». No puedo establecer relaciones relajadas y amables con mis congéneres porque no me acepto a mí mismo, estoy descontento porque no soy como me gustaría ser, porque no me parezco a Marilyn Monroe ni a Clark Gable, ni sé cantar como Plácido Domingo o Tanita Tikaram. En lugar de mantener relaciones agradables con quienes me rodean, les reprocho que no cesen de decepcionarme, que me pongan de mal humor, que sean unos «cerdos capitalistas» o unos «plebeyos». Cuando somos capaces de poner en entredicho nuestros prejuicios y nuestras valoraciones, podemos llegar a reconocer las extraordinarias facultades que existen en nosotros mismos y en los demás.

Este chakra tiene mucho que ver con la curación reiki. La esencia del reiki es el amor, la «aceptación gozosa», y cualquier curación comienza por aceptar la enfermedad.

Comúnmente los bloqueos de este chakra se manifiestan como condicionamientos amorosos («O haces lo que yo te diga o dejo de quererte»); amor asfixiante («Pero hijo, yo sólo quiero lo mejor para ti»); altruismo exagerado («Estamos aquí para ayudarnos unos a otros. Adónde iríamos a parar si no pensáramos más que en nosotros mismos...»), o egoísmo («Tú no puedes hacer esto, pero yo sí», «Tú estás aquí para satisfacerme»).

Las manifestaciones físicas de un chakra del corazón bloqueado suelen ser: molestias cardíacas, disfunciones de la glándula timo, enfermedades pulmonares, problemas de circulación sanguínea, espasmos, cáncer y sida.

En caso de hipofunción de este chakra el individuo no tiene consideraciones, ni consigo mismo ni con los demás. Cuando existe hiperfunción, en cambio, las consideraciones son tan exageradas que pueden desembocar en el autosacrificio.

Frase característica para un chakra del corazón perturbado: «Yo debo... Este/Esta/Esto debe...».

Los chakras de la esfera existencial «cielo»

El chakra de la garganta

Los centros energéticos de esta esfera simbolizan nuestro nivel celestial o divino. El chakra de la garganta rige la autoexpresión, esto es, el porte, el modo de hablar, la mímica y la gesticulación. Sus disfunciones pueden manifestarse como actitudes demagógicas o tiránicas. El 5º chakra es el punto de intersección entre los mundos interno y externo. Tiene dos polos: la «autoexpresión en armonía con el universo» (música espiritual...) y la «autoexpresión salvaje, conflictiva, separada de la totalidad de la vida» (*Heavy Metal*, demagogia, magia negra).

El lema de este chakra podría ser: «Muestro lo que hay dentro de mí».

Orfeo, el héroe griego, seguramente poseía un chakra de la garganta que funcionaba bastante bien, porque incluso conseguía hacer llorar a las plantas y a los arbustos. También Hitler debió de tener un chakra cervical rebosante de energía, pero excesivamente cargado de negatividad: con el *staccato* de su voz en falsete conseguía emitir cadencias demagógicas e hipnotizantes que fascinaban a las masas.

La expansión armónica del chakra de la garganta va estrechamente unida a la evolución de la energía del corazón. Una vez que haya desarrollado mi capacidad de amar y me haya aceptado a mí mismo, podré entonar la melodiosa canción de la vida en lugar de arrollar a los demás con mi expresividad.

Los bloqueos de este chakra se manifiestan frecuentemente con ronqueras o afonías. La afonía puede ser el resultado de una contracción muscular crónica, pero también la consecuencia del miedo a abrirse. Cualquier persona que se sienta incapaz de expresarse de un modo correcto y adecuado optará por limitar sus facultades expresivas. Los dolores de garganta también pueden ser un síntoma de este miedo. Para conocer lo que se oculta detrás de esta clase de síntomas, tendremos que analizar las contracciones musculares existentes en otras zonas del cuerpo. El chakra de la garganta le confiere una determinada forma a las contracciones musculares, pero no es la causa ni el origen. Este centro energético se encarga de estructurar la manifestación de los bloqueos padecidos por los demás chakras, que pueden identificarse fácilmente por medio del registro vocal, por la existencia de tonos agudos y frecuencias bajas, por la flexibilidad, fuerza y resistencia de la voz.

Otro tipo de manifestación de los bloqueos del chakra de la garganta son los trastornos del crecimiento, debido a su conexión con la glándula tiroidea. Nuestro modo de crecer es, desde luego, otra forma de autoexpresión. El trabajo reiki con este chakra puede facilitar el crecimiento armónico de los niños, tanto físico como psíquico.

Existe una correspondencia entre el chakra de la garganta y el del plexo solar. La polaridad de este último está relacionada con el deseo/rechazo del poder, mientras que en el primero se trata del hiperdesarrollo o el subdesarrollo de la capacidad de ejercer poder.

Cuando existe hipofunción del chakra cervical, al igual que sucedía con la hipofunción del chakra del plexo solar, la persona suele ser apagada. Puede parecer incluso algo «retrasada», y ser objeto de burla por ello. Camina con la cabeza baja, tiene problemas de comunicación, quizás tartamudee, experimenta un rechazo patológico frente a cualquier tipo de exhibición pública.

Por el contrario, cuando existe hiperfunción nos encontramos con el típico individuo «autoritario». Frecuentemente afónico, su voz es cortante y aguda. Puede revelarse como un demagogo más o menos dotado de talento, discute por el mero hecho de discutir, ama la polémica y pretende cambiar el mundo para adaptarlo a sus ideas. Siempre tiene buenas razones para justificarse. Camina altivamente.

Frase característica para un chakra de la garganta perturbado: «Nunca encuentra el tono adecuado».

El chakra frontal

El chakra frontal es la sede de la intuición. A menudo, la intuición se confunde con el sentimiento, pero en realidad la distinción es fácil: todo lo que me inspira rechazo, asco o miedo, y todo lo que excita mi afán posesivo y mi codicia, pertenece al mundo del sentimiento. La tierra de nadie que existe entre esos dos extremos alberga la intuición. Para desarrollar la intuición, para aprender a distinguir entre estas dos sensaciones que suelen presentarse entremezcladas (posees una intuición que te produce ciertas emociones), primero tenemos que comprender nuestros sentimientos.

A este chakra se lo denomina también tercer ojo. Tras ese punto de la frente se esconde una región cerebral sensible a la luz. Algunos científicos piensan que, en etapas evolutivas muy tempranas, teníamos en este lugar un órgano que servía para distinguir el día y la noche. A mí este aserto no me resulta convincente, porque para distinguir entre el día y la noche nos bastan los ojos. En cambio, he de decir que las personas cuyo chakra frontal funciona adecuadamente pueden llegar a ser videntes, ver el aura de los demás, etc.

La videncia, en sí misma, no aporta nada sobre el desarrollo de los restantes centros energéticos.

También es posible llegar a ser vidente siguiendo el camino del poder, obteniendo un funcionamiento temporal y limitado de nuestras facultades extrasensoriales, pero a costa de la sobrecarga sistemática de este chakra. Un día, inesperadamente, salta el «fusible» y se acaba el sueño de dominación de las fantásticas fuerzas *psi*. En literatura especializada abundan los casos de artistas psicokinésicos soviéticos, los cuales, tras unos cuantos años ofreciendo un alto rendimiento en este sentido, acaban postrados en una silla de ruedas, víctimas de trastornos circulatorios.

Todas las personas esconden posibilidades potenciales en sus chakras. Normalmente, dichas fuerzas se despiertan cuando alcanzamos el equilibrio, cuando somos capaces de aceptar la realidad tal cual es y vivimos en armonía con el amor. Esto, naturalmente, no es condición indispensable para desarrollar las fuerzas sobrenaturales. Cualquier persona ansiosa de poder puede desarrollarlas si se aplica de una manera paciente y disciplinada, pero esto no implicará que esa persona se convierta en un santo o en un maestro espiritual (ten mucho cuidado antes de hacerte discípulo de algún gurú).

El tercer ojo ha de mostrarle al hombre cuál es su camino individual a través de la selva de la vida. Este camino se aclara cuando aprendemos de nuestros errores: al principio nos caemos con sólo pisar una cáscara de plátano, pero más tarde reflexionamos sobre la forma de evitarlo en el futuro. A veces resulta difícil distinguir entre el camino correcto y el equivocado; cada uno llene su propia tarea y debe encontrar sus propias soluciones.

Algunas consecuencias de los bloqueos del chakra frontal son: una vida inestable, carente de rumbo («No sé para qué vivo»); poco apego al trabajo («Me da igual mi trabajo, con tal de que me paguen bien»), o temor a los fantasmas, apariciones, etc. (hiperfunción del chakra).

El chakra frontal alberga también nuestras funciones racionales. Por ello, si nos excedemos en nuestros esfuerzos analíticos, puede dolernos la cabeza. Aplicando la energía reiki a ambos lados de la cabeza o en los pies, recobraremos el equilibrio rápidamente.

La estructura de la vista también está relacionada con este chakra. Si examinamos cómo percibe una persona los colores y cuáles son sus defectos visuales (miopía, hipermetropía...), podremos averiguar cuál es el estado energético de su cuerpo.

Otros síntomas de bloqueo de este chakra son: estar en paro de forma permanente, mudarse continuamente, cambiar de pareja una y otra vez, vestirse siempre a la última, adorar ídolos o ser un fanático.

La hipofunción del chakra frontal suele acarrear apatía ante el trabajo, con toda la parafernalia correspondiente: descansar con una cerveza frente al televisor, no tener ni aficiones, ni opiniones, ni intereses, ni ganas de hacer nada, etc.

Las personas que sufren una hiperfunción del chakra frontal suelen tener «visiones» (son los típicos profetas locos), pretenden advertirnos de las catástrofes que nos amenazan, ven fantasmas, sienten temor pero no saben por qué (hiperfunción del tercer ojo con bloqueo simultáneo del chakra sexual).

Cuando este centro funciona armoniosamente se produce un flujo adicional de energía desde el chakra raíz. Ésta es la señal de que el individuo ha encontrado su camino.

Frase característica para un chakra frontal perturbado: «No encuentra su camino».

El reiki nos ayuda de una forma suave a abrirnos a las experiencias y a las labores de aprendizaje de cada nivel existencial.

Las sesiones frecuentes fomentan nuestra disposición interior a tomar contacto con las vivencias de los planos material e ideal. Cada individuo tiene sus propias experiencias, diferentes de las de los demás.

Los chakras forman una red de interrelaciones en la que cada uno abarca también ciertos aspectos regidos por los demás. Por eso la regla básica debería ser la siguiente: trata los chakras simultáneamente. Teniendo siempre en cuenta su estructura holográfica y equilibrándolos entre sí, se favorecerá la integración armónica de cada vivencia en la esfera existencial correspondiente. No obstante, hay casos en los que se puede poner un mayor énfasis en el tratamiento de un chakra determinado. Veamos ambas formas de tratamiento.

Trabajar los chakras con el reiki: ejemplos prácticos

La armonización de los chakras

Gracias a esta técnica estaremos en condiciones de armonizar, en un corto periodo de tiempo, el sistema de la energía etérica de una persona.

Por regla general conviene equilibrar los chakras desde fuera hacia dentro, de la manera siguiente:

Coloca las manos sobre los centros energéticos nº 1 (chakra raíz) y nº 6 (tercer ojo) de tu paciente. Aguarda hasta que percibas una misma sensación de flujo energético en ambas manos. Si no captas nada, frótate ligeramente una palma contra la otra. Así podrás concentrarte mejor. Cuando hayas conseguido equilibrar los dos chakras citados, repite el procedimiento con los centros energéticos nº 2 (chakra sexual) y nº 5 (chakra de la garganta). Después le llegará el turno al 3 (chakra del plexo solar) y al 4 (chakra del corazón). Si lo estimas conveniente, puedes utilizar otras combinaciones.

Una vez conseguida la armonización habría que igualar el aura, con objeto de que la energía que se esté liberando pueda distribuirse adecuadamente. Tras una sesión agitada, la armonización de los chakras ayuda a asimilar los contenidos que se han hecho conscientes.

En el caso de que no percibas nada, mantén las manos durante tres o cuatro minutos en cada posición. Este tiempo suele ser suficiente en la mayoría de los casos, pero si tú consideras que necesitas más, tienes libertad para invertir todo el tiempo que desees en este trabajo.

Yo suelo emplear esta técnica armonizadora siempre que inicio un tratamiento, ya sea integral o local. Por ejemplo, para relajar a un paciente sensible, o para crear un clima de receptividad que facilite el trabajo posterior.

Trabajar con un chakra determinado

Los chakras pueden presentar tres disfunciones o «lesiones» diferentes:

- Defectos inequívocos (roturas o deformaciones).
- Desconexión (no están conectados con el sistema regulador de la energía interna a través del correspondiente «punto fuente» de la columna vertebral).
- Orientaciones irregulares (inclinaciones y desviaciones).

Con el reiki resulta fácil equilibrar estas perturbaciones, pero puede suceder que alguno de los chakras defectuosos tarde mucho tiempo en recuperarse. No basta con «imponer las manos de vez en cuando».

Los defectos inequívocos y las orientaciones irregulares se tratan de la siguiente manera:

Pon una mano sobre la parte delantera (punto de salida) del chakra y la otra sobre la parte trasera (punto fuente). En el caso del chakra raíz, que se abre hacia abajo, hay que colocar una mano sobre el hueso púbico y la otra sobre el coxis. En esta técnica no sólo está permitido situar las manos sobre la columna vertebral, sino que es necesario. Con las restantes técnicas reiki no es aconsejable, dado que podría despertarse prematuramente la energía *kundalini*. En los puntos de salida de los chakras se produce el contacto con el mundo externo (aura), y en los puntos fuente, el contacto con el mundo interno (los principales canales energéticos, que conectan la *kundalini* directamente con el tercer ojo, se encuentran a ambos lados de la columna).

La fuerza reiki restaura y cura las deficiencias del chakra lesionado al inundarlo con su flujo. Por dondequiera que discurra, la energía vital universal revitaliza los órganos etéricos dañados, permitiéndoles volver a asumir sus funciones naturales. Pero son contados los casos en los que el tratamiento parcial resulta suficiente. El chakra defectuoso, al impedir que la energía fluya libremente, evita la armonización simultánea de todas las partes. No hay que olvidar que cada parte componente de los centros energéticos está relacionada con las restantes. Las curaciones parciales no duran mucho; las perturbaciones existentes en otras zonas suelen invalidarlas con bastante rapidez.

Para que los procesos curativos se aceleren y ganen en profundidad, es preciso aplicar las técnicas locales de curación mental del 2º grado.

Después de trabajar sobre un determinado chakra es indispensable proceder a armonizar el conjunto. En el curso del proceso curativo la carga energética del chakra se transforma en función de la que posean los otros; por este motivo, si el chakra recién tratado no está en sintonía con los demás, puede generarse un nuevo desequilibrio. Armonizar el conjunto tras cada tratamiento específico es una forma de evitar este problema. El paso siguiente es igualar el aura, para desintoxicarla y para que la energía liberada pueda circular con facilidad.

Para restablecer la conexión de un chakra con el sistema regulador de la energía interna, procura que la fuerza reiki actúe primero desde la parte posterior, a la altura del punto afectado. Deja que tu paciente la absorba durante dos o tres minutos y a continuación, procede según lo indicado anteriormente. Puedes repetir el proceso varias veces. Acaba el tratamiento igual que antes, es decir, armonizando los chakras e igualando el aura. Si el aura necesita más de tres igualaciones, vuelve a repetir el proceso, hasta que quedes satisfecho del resultado.

Armonizar los chakras con la ayuda
de otras dos personas

Este ejercicio es muy apropiado para los tratamientos cortos destinados a trabajar suavemente sobre los bloqueos fundamentales. También es útil como preparación de las aplicaciones sobre un chakra determinado y como técnica de relajación rápida.

El receptor se tiende de espaldas, colocando una de sus manos sobre el chakra del plexo solar y la otra sobre el del corazón. Si no ha recibido la armonización inicial, es importante que sea la mano izquierda la que se sitúe sobre el chakra del corazón y la derecha sobre el del plexo solar. No es imprescindible que esté iniciado en el reiki, pero si lo está los resultados serán mejores.

Las dos personas que van a canalizar la energía reiki deberán sentarse cada una a un lado del receptor. Una de ellas pondrá las manos sobre los chakras raíz y frontal, y la otra sobre los chakras sexual y cervical. De esta forma, se equilibrarán todos los chakras al mismo tiempo. Éste es un método tranquilo (no hay que cambiar de posición en ningún momento), con el que se logra un estado de relajación profunda más fácilmente que con el tratamiento integral. Además, se produce una actuación indirecta sobre la mayoría de los órganos corporales. Este tipo de armonización a tres sirve sobre todo para relajarse, para eliminar bloqueos crónicos y para fortalecer todo el cuerpo en general. Te aconsejo que iguales el aura del paciente antes y después de cada sesión, y que realices el pase energético con el fin de

Figura 31. Armonizar los chakras con la ayuda de otras dos personas

conectar sus chakras recién armonizados con la energía de la Tierra.

Recuerda: tras una relajación profunda hay que incorporarse lentamente, acostumbrándose de un modo gradual a la realidad cotidiana.

Trabajos específicos con los chakras principales y secundarios

Cuando los problemas afectan a algún chakra secundario, suele ser beneficioso equilibrarlo junto con el correspondiente centro principal, o con cualquier otro chakra principal que te parezca indicado en cada caso.

Si al cabo de varias sesiones (se requiere un mínimo de diez tratamientos ininterrumpidos durante un periodo de entre diez y veinte días), no se ha producido ninguna mejoría, puedes emplear los mismos métodos que con los chakras principales. A continuación equilibra el chakra secundario junto a los correspondientes chakras principales y armoniza el conjunto.

La frecuencia de las sesiones debe ser constante. No olvides que los procesos curativos que estás induciendo son profundos e intensos. El paciente debe llevar una vida tranquila y armoniosa mientras dure el tratamiento. Ni siquiera el reiki es capaz de restaurar los chakras perturbados con una total celeridad. A menudo es necesario complementar el tratamiento con otro tipo de técnicas psicoterapéuticas y métodos homeopáticos.

De acuerdo con mi propia experiencia, los chakras se curan con mayor rapidez utilizando de una manera simultánea la fuerza reiki, la medicina naturista y la psicoterapia. Esta combinación surte un efecto global sobre el individuo. Los profanos, no obstante, deben abstenerse de recetar ningún tipo de medicamento o de actuar como curanderos psicológicos.

Las tablas pendulares del apéndice pueden servirte para detectar las perturbaciones del sistema energético etérico.

Resumen

Cómo trabajar los chakras con el reiki

Antes y después de trabajar con los chakras, hay que formularse las siguientes preguntas:

— ¿Cuál es la causa de la perturbación? (En caso de que existan problemas físicos o psíquicos serios es imprescindible consultar a un profesional cualificado).
— ¿Qué chakras principales o secundarios se encuentran afectados?
— ¿Cómo planificar el trabajo? (Determinar el tipo de tratamiento, la duración y la frecuencia).
— ¿Es conveniente complementar el tratamiento con otros métodos? En caso afirmativo: ¿Con cuáles? ¿Posees la debida cualificación para aplicarlos? Y si no la posees, ¿a qué terapeuta puedes confiarle la responsabilidad?

El tratamiento integral reiki, siempre que sospeches que pueden existir causas kármicas o fijaciones (trabajo reiki sobre el chakra del plexo solar), debería ir acompañado de una terapia psicológica. Todo proceso de crecimiento personal es en el fondo un profundo proceso de curación que no comienza realmente hasta que se han disuelto las taras kármicas y sus correspondientes fijaciones. Las consecuencias naturales de este proceso son el aumento de la capacidad de amar y la elevación de la conciencia.

Aclaración: entiendo la palabra «fijación» como un prejuicio (dogma) que pretende, con objeto de que «todo esté en orden», establecer «cómo deben ser el mundo y las personas, o cómo no deben ser». Las fijaciones desembocan a menudo en conceptos morales rígidos. Nadie puede, a largo plazo, basar su vida sobre esta clase de principios. Por otro lado, apartarse de ellos sin haber comprendido cuál es su verdadero carácter tampoco es la solución. Lo único que se consigue es cargarse de complejos de culpa y de taras kármicas que impiden reconocer que el amor es la base única y verdadera de la vida. Los sentimientos de culpa y el miedo se oponen al amor, lo excluyen, impiden que el individuo se abra ante él y, por lo tanto, ante Dios, porque en definitiva Dios es el amor.

Capítulo **9**

El REIKI
y los cristales

Desde tiempos inmemoriales los hombres han utilizado los cristales como agentes curativos, protectores, iniciáticos. Su belleza y su luminosa irradiación les han devuelto la popularidad en los comienzos de la «nueva era». Numerosas personas aceptan su ayuda y aprenden a adaptarse a las nuevas vibraciones de la incipiente Era de Acuario.

Las piedras preciosas pueden también auxiliarnos en nuestro trabajo con el reiki. En el libro *Reiki con piedras preciosas*, de Ursula Klinger-Raatz, trata este tema detalladamente. Aquí hablaré tan sólo de algunas aplicaciones sencillas, pero muy efectivas, producto de mi trabajo en este campo.

Figura 32. Cristal de roca

El reiki pone en marcha múltiples procesos vitales. Existen partes oscuras en nuestra personalidad que deben ser asumidas si deseamos avanzar por el camino del crecimiento espiritual. Cuando estas partes emergen, nuestro psiquismo se enfrenta a una situación muy complicada: los viejos cauces dejan de tener sentido y no acertamos a sustituirlos por otros nuevos. Ciertos bloqueos son muy persistentes. El miedo a los contenidos que aguardan en el umbral de nuestra conciencia puede llegar a ocasionar contracciones musculares dolorosas o pesadillas. En estos casos, nuestros bellos amigos del reino mineral pueden prestarnos su valiosa colaboración.

Hay tres cristales que, a mi juicio, se adaptan especialmente a las exigencias del trabajo reiki: la amatista, el cristal de roca y el cuarzo rosa. Las respectivas propiedades de estas tres piedras son muy distintas, pero a pesar de ello son capaces de complementarse maravillosamente y de estimular el trabajo reiki.

El cristal de roca nos muestra la verdad de la luz. El cuarzo rosa despierta nuestras vibraciones amorosas y nos ayuda a aceptar la verdad de la luz. La amatista activa nuestro tercer ojo, señalándonos el camino para realizar la verdad de la luz en nuestra vida.

El cristal de roca

Esta piedra transparente representa el máximo nivel evolutivo del reino mineral. Aunque ningún cristal de roca es igual a otro, a menudo crecen en familias que poseen una base común (drusa). Tiene seis lados, que se relacionan simbólicamente con los seis chakras principales del ser humano. El vértice se corresponde con nuestro centro transformador, el 7º chakra (craneal). La base suele ser opaca y la parte superior, transparente. Los seres humanos que crecen espiritualmente, a medida que se separan de lo material y se elevan hacia lo etérico, también ganan en pureza y en luminosidad. Exponiéndonos a las vibraciones de este cristal podemos eliminar todos aquellos bloqueos que nos impiden ser luminosos.

Yo utilizo tres tipos de cristal de roca en mi trabajo: una drusa pequeña compuesta por dos cristales mayores y uno menor (diámetro de la base: aproximadamente 3 cm, altura: cerca de 6 cm), un cristal solitario de unos 10 cm de altura y dos cristales de forma ovalada de unos 3,5 cm de diámetro. Los tamaños, como es lógico, son sólo orientativos. Tú deberás elegir aquellas piedras por las que te sientas instintivamente atraído.

Durante el tratamiento reiki, establecerás contacto con ciertas partes de ti mismo que no podrás aceptar fácilmente. Tendrás que aprender, por un lado, a abrirte a las nuevas experiencias, y por otro, a cerrarte cuando el asalto sea demasiado peligroso. Todo esto se reflejará en tus sueños y en tus relaciones con el entorno. El cristal de roca te ayudará a suavizar el proceso, a asimilar la nueva vitalidad y a no sucumbir bajo el peso de las transformaciones.

En el caso de que tengas pesadillas, una pequeña drusa podrá obrar maravillas. Colócala en la cabecera de tu cama y límpiala cada dos o tres días (véase, en el apéndice «Limpieza energética de las joyas»). Si en el trabajo o en casa tienes contacto con personas que te resultan especialmente molestas, que te entristecen o te ponen agresivo, ten siempre la drusa cerca de ti. Ella se encargará de iluminar tus días grises. Y ya sabes, no olvides limpiarla con frecuencia, porque también ella se cansa. Si deseas mostrarle tu agradecimiento, trátala con la fuerza reiki.

Cuando te sientas fatigado a causa del aprendizaje y de las nuevas experiencias —puedes llegar a sufrir continuas tensiones musculares—, haz los dos ejercicios de meditación reiki que se describen en el capítulo 11.

Meditación reiki con cristales de roca

Variante A

Túmbate de espaldas. Dobla las piernas y déjalas caer hacia los lados, uniendo las plantas de los pies. Coloca las manos en actitud de oración, a la altura del pecho, sujetando entre las palmas un cristal de roca redondeado, que no sea demasiado pequeño. También puedes ejecutar este ejercicio sentado, con la espalda apoyada en la pared o en el respaldo de una silla.

Los chakras secundarios de las palmas absorberán la energía del cristal y la transmitirán hacia todo tu cuerpo a través de las zonas reflejas de las manos. Si tu necesidad de luz es muy grande, el cristal (el «portador de luz») que tienes

Figura 33a. Meditación, variante A

entre las manos comenzará enseguida a emitir calor. No te asustes, se trata de una reacción normal, motivada por la gran cantidad de energía que se está liberando y por el hecho de que no sólo está actuando el cristal: tú también te estás autoadministrando la fuerza reiki a través de las zonas reflejas, casi como si de un tratamiento integral se tratara. La energía vital universal, gracias a este método, penetra en ti con mayor facilidad. El cristal surte un efecto purificador que disuelve los bloqueos. Presta atención a tus manos durante el ejercicio: percibirás cómo se expande la energía desde ellas. Siente las reacciones que se producen en tu cuerpo. Si deseas aumentar el efecto de esta meditación, utiliza el poderoso mantra «OM» (véase el capítulo 11).

Variante B

Colócate en la misma posición que en la variante A, pero separando los brazos del cuerpo hasta que formen un ángulo de 45 grados y con las palmas de las manos vueltas hacia arriba, sujetando un cristal de roca redondeado en cada una. Percibe las sensaciones que se producen en tus manos y en todo tu cuerpo. Siente la energía, hazte consciente de ella. Esta variante, además de ser un ejercicio de meditación, es una buena preparación para el tratamiento integral. También puedes ejecutarlo sentado, apoyando la espalda en la pared o en una silla.

Estos ejercicios son muy intensos, por lo que los cristales empleados necesitarán un descanso y una profunda limpieza al cabo de unos días. Si sientes algún tipo de bloqueo local, como contracciones musculares continuas en los hombros

Figura 33b. Meditación, variante B

o una sensación de temor en el plexo solar, puedes intentar disolverlo tú mismo —o requerir la ayuda de alguien—. Acerca la punta del «portador de luz» a la zona bloqueada y muévelo hacia arriba, haciéndolo girar lentamente hacia la derecha, trazando una espiral y alejándolo del cuerpo. Repite el proceso cuantas veces sea necesario.

Cuando percibas que el bloqueo se ha debilitado, o que ha sido completamente eliminado, puedes proseguir con el tratamiento reiki normal. Finalmente y durante un mínimo de cinco minutos, deberían tratarse los pies e igualar el aura.

Recuerdo el caso de una paciente a quien se le aplicó la energía vital universal en la región pélvica con objeto de liberarla de sus dolores menstruales. Al cabo de poco tiempo se multiplicaron los espasmos. Se le trataron las zonas adyacentes y no se obtuvo ningún resultado (¡se había cometido el error de no combinar el tratamiento local con el integral!). Las convulsiones no desaparecieron hasta que se empleó la técnica que acabo de describir, y no volvieron a presentarse más que en contadas ocasiones y con mucha menor intensidad.

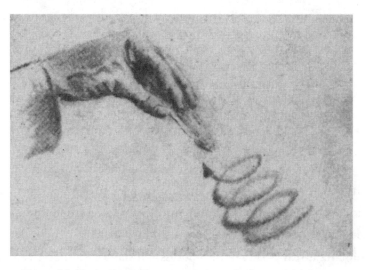

Figura 34. Disolución de bloqueos con la punta de un cristal de roca

Otros campos de aplicación para esta técnica (que debe ir seguida de un tratamiento integral) son:

— Perturbaciones producidas por las cicatrices (quizás sea adecuado aplicar al mismo tiempo un tratamiento homeopático prescrito por un médico naturista).
— Tratamiento directo de determinados órganos y ganglios linfáticos.
— Curación de chakras dañados (véanse los capítulos 6 y 8).

- Tratamiento de heridas (complementar con otras medidas).
- Relajación psíquica de personas a las que les cueste mucho «soltarse» (para ello deberán sujetar los cristales de roca redondeados durante las sesiones. También se pueden aplicar las piedras directamente sobre aquellas zonas que rechacen la energía vital, siempre que el paciente esté de acuerdo).

El cuarzo rosa

La vibración cálida y rosada de estos cuarzos (yo suelo utilizar piedras redondeadas de unos 4 cm de diámetro) se corresponde con la cualidad amorosa y tolerante del chakra del corazón. Toda curación verdaderamente profunda se efectúa a través de la energía despedida por este centro. La luz del cuarzo rosa, al igual que los cristales de roca, sirve para disolver los bloqueos energéticos así como para curar las heridas psíquicas y orgánicas.

El cuarzo rosa es muy apropiado para la curación de los traumas producidos por las separaciones, porque nos hace contemplarlas con una perspectiva distinta. Vertemos nuestras mejores lágrimas cuando permitimos que el amor penetre en nuestra conciencia. Tales lágrimas son un indicio de que hemos experimentado esa sensación de «unidad» que nos arranca súbitamente de la soledad. Las vibraciones de esta piedra ponen en marcha un proceso de concienciación que nos acerca a esa unidad, y nos facultan para aceptar e integrar en nuestra personalidad las partes recuperadas. Sucede lo mismo que en la parábola bíblica del hijo pródigo.

Utilizo el cuarzo rosa con todos aquellos que se quejan a menudo de las dificultades que entraña su vida, con quienes dan a entender constantemente mediante suspiros cuánto les gustaría cambiar ciertas cosas. «Me gustaría, sí... ¡pero no puedo!», «No deseo saber adónde me conduciría todo esto», «¡Qué sería del mundo si todos quisiéramos vivir así!». Estas expresiones nos indican que el individuo está empezando a percibir determinadas partes ocultas de su personalidad, aunque todavía no sea capaz de integrarlas.

Hay otras personas que necesitan las vibraciones del cuarzo rosa: los dogmáticos; los que rechazan su sexualidad, su agresividad, su cuerpo o determinados deseos; quienes condenan a otros por el mero hecho de tener opiniones diferentes, etc. Los cuarzos, colocados antes o durante el tratamiento integral sobre el chakra del corazón o sobre cualquier otro chakra relacionado con los elementos inconscientemente rechazados, facilitarán la aceptación de las energías liberadas.

Si el receptor se siente angustiado durante o después de la sesión, colócale un cuarzo rosa en una mano o en ambas. Esto le ayudará a reconciliarse consigo mismo. También es recomendable, siempre que no se puedan aplicar las técnicas mentales de 2° grado, utilizar cuarzos rosas para dar por concluidos los tratamientos locales intensivos (el tratamiento de los chakras, por ejemplo).

Estas piedras pueden utilizarse en las meditaciones de la misma manera que los cristales de roca. Otra posibilidad consiste en combinar el trabajo con los cuarzos con afirmaciones como éstas: «Me acepto a mí mismo tal como soy», o «Dios me ama tal como soy».

Si temes que este ejercicio desencadene demasiadas reacciones en tu interior, pídele a una persona de tu confianza que permanezca cerca de ti mientras meditas, o habla con un psicoterapeuta experto que te ayude a superar tus miedos. El ejercicio habrá cumplido su función cuando seas realmente consciente del hecho de que estás rechazando ciertas partes de tu ser. Cuando hayas aprendido a amarte a ti mismo, esta meditación te brindará hermosas oportunidades para sumergirte en las amorosas vibraciones del cuarzo rosa y para sentirte a gusto contigo mismo. Personalmente, suelo meditar después de haberme ocupado del caos que hay dentro de cada uno de nosotros. Es mi manera de tomar conciencia de esa otra cara agradable de la realidad.

La amatista

Este cristal de color violeta nos enseña a ser humildes, a reconocer cuál es nuestro camino (estimula el chakra frontal) y a autorrealizarnos dentro del marco del orden universal. Existe un camino para cada uno de nosotros; lo único que tenemos que hacer es aceptarlo y seguirlo.

La amatista nos sirve para integrar en nuestra vida cotidiana los resultados del proceso de autoconocimiento que estamos siguiendo. Cuando trabajamos con el reiki de una manera asidua, tenemos que enfrentarnos una y otra vez a los problemas planteados por la misma madurez que vamos alcanzando: ¿cómo encajar nuestra nueva individualidad en el medio que nos rodea?

Yo, en mi trabajo, uso amatistas redondeadas de un diámetro aproximado de unos 4 cm. Para la meditación, recomiendo la variante A. Échate de espaldas y ponte una amatista sobre el tercer ojo. Coloca la mano izquierda sobre el chakra del corazón y la derecha sobre el del plexo solar, para que ambos chakras puedan absorber la energía que emana de tus manos. Este ejercicio, además de estimular el tercer ojo, evita que se sobrecargue. Como puedes ver, se trata de un método de armonización de los chakras.

Cuando vemos con claridad cuál es nuestro camino individual, como consecuencia de la estimulación del tercer ojo, solemos experimentar ciertas sensaciones de angustia en el plexo solar que cumplen una legítima función de advertencia

Figura 35. Meditar con una amatista

dentro del proceso de equilibrio de este centro energético con la energía amorosa del chakra del corazón.

Al colocar una amatista sobre un órgano que no funciona bien y que está siendo objeto desde hace tiempo de un tratamiento reiki, lo estamos induciendo a que vuelva a cumplir la función metabólica que le corresponde. También puedes utilizarla como complemento en el tratamiento de las hiperfunciones glandulares. Trabajar con amatistas siempre es aconsejable cuando sentimos que los órganos enfermos están recuperando la fuerza pero no aciertan a emplearla correctamente. Es igualmente adecuada para la hipertensión sanguínea, los ataques de rabia, la ninfomanía y todo tipo de histerias.

Un último ejemplo de aplicación: colócate una amatista sobre el tercer ojo, por la noche, tras una sesión de reiki y durante unos quince minutos. Notarás que te ayuda a encauzar tu naciente personalidad, a encajarla adecuadamente dentro de las estructuras de tu vida cotidiana.

Resumen

El reiki y los cristales

La amatista (6° chakra):

— Estimula la autorrealización.
— Combate las hiperfunciones, las infecciones, la hipertensión y la histeria.

El cuarzo rosa (4° chakra):

— Estimula la asimilación.
— Combate los procesos de división, el cáncer, los quistes,
los espasmos musculares y los síntomas esquizoides.

El cristal de roca (2° chakra):

— Estimula la percepción.
— Combate las hipofunciones, los trastornos circulatorios y las depresiones.

Capítulo 10

El REIKI
y los aceites esenciales

L a aromaterapia, esto es, la curación a través de olores y fragancias, está experimentando un increíble auge en los últimos tiempos. Hasta hace unos diez años, los aceites de esencias se utilizaban casi exclusivamente para la producción de perfumes y artículos cosméticos, es decir, para nuestro embellecimiento externo. Actualmente, las cosas han cambiado y esos mismos aceites se están empleando para curar y para estimular nuestro crecimiento interior.

Las sustancias que contienen, por una parte, poseen agentes activos que actúan sobre el organismo, y por otra, ciertas vibraciones etéricas muy potentes que influyen favorablemente sobre el sistema energético interno y sobre el aura.

Figura 36. Aceites esenciales

La primera oportunidad que tuve de constatar la eficacia de estas sustancias fue en unos cursos que impartía una terapeuta amiga mía. Al verla emplear diversos aceites para armonizar mis chakras, concebí la idea de utilizarlos también en las sesiones de reiki.

A continuación voy a describir una serie de esencias, muy efectivas y que además se complementan muy bien entre sí, con las que siempre he obtenido buenos resultados: la salvia, el pachulí, el espliego, la verbena y el sándalo.

Salvia (*Salvia sclarea*)

La salvia es una fragancia estimulante, de carácter tenue y alegre, que libera las energías retenidas. Actúa especialmente sobre el tercer ojo, despierta al niño que todos llevamos dentro y abre nuestro espíritu a nuevos segmentos de la experiencia. Su aroma elimina de un modo suave los bloqueos de los chakras, incitando al subconsciente a derribar las barreras que nosotros mismos hemos edificado y que nos impiden conocer lo que se oculta tras ellas.

Pachulí

El pachulí es una fragancia sensual y erótica. Actúa especialmente sobre el 2° chakra, intensificando la percepción sensual y el placer de vivir. Por ello, puede resultar eficaz a la hora de liberar los bloqueos de la región pélvica. Su aroma resulta «más maduro» que el de la salvia. Potencia nuestra sensibilidad para la música, el arte, el erotismo y la naturaleza. La salvia, por el contrario, roza la ingenuidad, posee una franqueza casi infantil.

El aroma del pachulí se emplea en el trabajo reiki para restaurar los flujos energéticos de la pelvis y suprimir gradualmente nuestras resistencias a los contactos sensuales, los temores a la proximidad física de otras personas, las alergias, las impurezas cutáneas, etc. Todas aquellas personas que aborrezcan el olor del pachulí pueden utilizar Ylang-Ylang, que posee unas características parecidas.

Espliego

Este perfume tan «distinguido» da buenos resultados con todas aquellas personas extremadamente sensibles a las que les molesta cualquier nimiedad, individuos que no soportan las bromas y que se quejan continuamente de la grosería de sus congéneres. Aquellos cuyas heridas interiores sean tan profundas que ya ni tan siquiera se lamenten también pueden beneficiarse del espliego. El aura de estas personas suele estar muy debilitada. Uno de los cometidos del aura, que es como una especie de piel etérea, consiste en proteger el sistema interno de energía de los impactos excesivamente fuertes. Cuando tiene muchas grietas, o cuando la energía no circula por ella debidamente, numerosas impresiones pueden penetrar hasta los chakras, sobrecargándolos, sin haber sido filtradas previamente. Los contactos con el medio son percibidos como lesivos y el individuo tiende a adquirir hábitos que protejan su tembloroso y vulnerable yo. Se relaciona con muy pocas personas, y muy escogidas, y casi siempre prefiere estar a solas con ellas, para que nadie más pueda molestarle. Siempre compran en la misma tienda, pasan sus vacaciones en el mismo sitio, etc. Obviamente, exagero un poco, pero estoy persuadido de que una descripción tan extrema te servirá para reconocer los síntomas en cuanto los veas.

Para poder tratar a estas personas, hay que brindarles inicialmente la protección que tanto necesitan. La esencia de espliego puede ayudarte bastante en este sentido: averigua cuáles son sus chakras más débiles y aplícasela. El espliego resulta particularmente útil en los tratamientos prolongados, cuando, como consecuencia de la eliminación de los bloqueos, ha aumentado la capacidad perceptiva de la persona y pese a todo los impactos sensoriales siguen resultándoles demasiado fuertes. El individuo aún necesita protegerse para fortalecer su estructura energética y construir una nueva personalidad que sea el fundamento de su emergente vitalidad. El espliego es un aliado para llevar a buen término este proceso, sobre todo porque tiene la propiedad de fortalecer los chakras raíz y del plexo solar.

Lo que acabo de decir en el párrafo anterior es también muy importante en la disolución de los bloqueos localmente determinados, ya se trate de los chakras o del aura. Si dichos bloqueos estaban profundamente arraigados, habrá que proteger los chakras y el aura durante bastante tiempo. Omitir estas precauciones podría producir nuevos daños que quizás pudiesen resultar aún más perjudiciales que los anteriores. No debemos olvidar que tanto los bloqueos como los miedos tienen un sentido: ejercen una importante función protectora.

Verbena

La verbena es un aroma refrescante y vitalizador. Su frescura nos ayuda a desprendernos de conductas y esquemas mentales inadecuados que deberíamos haber superado ya, y a adoptar otros nuevos más dinámicos y coherentes. Esta esencia está indicada cuando ya nos hemos hecho conscientes de nuestros bloqueos y estamos preparados para eliminarlos, pero aún nos fallan las fuerzas porque todavía no nos sentimos seguros. Es más fácil apoyarse en una muleta que arriesgarse a tropezar utilizando unas piernas débiles. Esta metáfora, aplicada al trabajo reiki, nos dice lo siguiente: procura que el paciente tenga fuerzas suficientes para adaptarse a su nueva vida y para suprimir los bloqueos recientemente disueltos. Recuerda que para restablecer el funcionamiento de sus órganos y de sus sistemas etéreos, tuvo que hacer un ingente esfuerzo.

Esta esencia actúa especialmente sobre el chakra raíz, estimulando al mismo tiempo la apertura del tercer ojo. Es recomendable su aplicación sobre cualquier chakra que acabe de abrirse o purificarse, con el fin de fortalecerlo. Fortalecer equivale a proteger.

Sándalo

El sándalo cumple en cierto modo la función de una madre cariñosa que nos da su calor. Esta esencia posee un patrón energético relajante que transmite una sensación de calor humano, de aceptación, franqueza y comprensión.

Bajo su influencia es muy difícil que se produzcan malentendidos, puesto que entre sus propiedades se encuentra la de facilitar la comunicación. Contribuye a crear un ambiente confiado y agradable. Es muy adecuado para iniciar las sesiones de reiki. El paciente se sentirá dispuesto a olvidar sus preocupaciones y a rendirse ante la fuerza vital. Esta actitud debe encontrar siempre un eco en tu comportamiento.

Esta esencia también es muy útil en los tratamientos locales intensos, por ejemplo, cuando intentamos relajar un músculo endurecido o cuando trabajamos con los chakras.

Aplicaciones prácticas
de los aceites esenciales

En las aplicaciones locales, puedes mezclar el aceite esencial (procura que sea de buena calidad, ya que los aceites sintéticos pueden provocar trastornos) con otros de almendra dulce, en una proporción de 1:20.

Estas mezclas se utilizan para tratar los chakras, para suavizar cualquier tipo de «coraza emocional», en las contracciones musculares crónicas, etc. También pueden actuar a través de las zonas reflejas de las manos y de los pies.

Ponte unas gotas en los dedos índice y corazón, y a continuación, con un movimiento giratorio suave y en sentido contrario al de las agujas del reloj, frota la zona corporal que quieras tratar. Los círculos deberán ir estrechándose en forma de espiral.

Cuando desees llenar una habitación con una fragancia determinada, puedes utilizar una lamparita. Para ello, habrá que verter unas gotas de esencia pura en un pequeño cuenco lleno de agua. El olor a pachulí o a sándalo puede conseguirse mediante barras combustibles de incienso, pero deben ser de buena calidad, de auténtico material vegetal.

Poniendo unas cuantas gotas de esencia sobre un trozo de algodón o sobre un pañuelo de papel, envolviéndolo a su vez en otro pedazo de algodón o en otros pañuelos y metiendo el «paquete aromático» resultante en una bolsita de seda, podrás disfrutar del aroma que elijas durante todo el día. Si lo deseas, puedes colgártelo del cuello con un lazo de seda o con una tira de cuero (¡no utilices en ningún caso una cadena metálica!). Este método indirecto logra mantener el aroma durante más tiempo que si te lo pusieras directamente sobre la piel.

Resumen

Reiki y perfumes

SALVIA: despierta el deseo de vivir y la curiosidad natural del niño interior.

PACHULÍ: refuerza el goce sensual y la felicidad de vivir.

ESPLIEGO: muy adecuado para las personas sensibles. Refuerza la función protectora del aura y transmite seguridad.

VERBENA: tónico poderoso. Actúa contra la inestabilidad orgánica y psicológica. Transmite la energía necesaria para la reutilización de todas aquellas funciones que han sido restablecidas por el tratamiento.

SÁNDALO: la «madre» cálida y cariñosa. Aumenta la confianza, crea un ambiente propicio y facilita la comunicación.

Capítulo 11

El REIKI
y la meditación

Desde tiempos inmemoriales la meditación ha constituido un medio muy apreciado para encontrarse a sí mismo. Quienes la practican intentan sumergirse en su interior y descubrir su yo, captar de un modo totalmente consciente su verdadero ser. El éxito de la práctica meditativa depende esencialmente de dos factores: el desapego y el no hacer. El no hacer hace posible el desapego, porque sólo dejando de actuar en todo momento, podremos despejar la mente de todos sus contenidos y desprendernos del afán de intervenir en la realidad. De la misma forma, el desapego es un requisito esencial del no hacer: antes de que el no hacer pueda desplegarse libremente, tenemos que liberarnos de ese imperativo accionador que nos dictan nuestras angustias.

¿Cómo se resuelve la paradoja? O, dicho de otra forma, ¿cómo meditar con éxito? Muy sencillo: aceptando todas las cosas de un modo alegre y amoroso. Si durante la meditación te das cuenta de que has vuelto a pensar, por ejemplo, en que más tarde tienes que arreglar tu casa, no profundices en esa idea ni pienses que esa ocurrencia está fuera de lugar o perturba tu propósito de meditar. Permanece sentado, sintiendo que todo está en orden. Recuerda que estás preso de tus obligaciones cotidianas y que, por lo tanto, te será muy difícil olvidar de repente todo aquello que tanto te importa. No te hagas ningún reproche porque tu atención se desvíe hacia otros menesteres. Es natural que quieras mantener las cosas bajo control. Sé consciente de esa necesidad de controlar, pero despréndete de ella. Intenta descubrir sus motivaciones, los miedos que la provocan. Quizás sea el temor a que tu vida se convierta en un caos, o a que tu cónyuge te abandone si no haces esto o lo otro, o a cualquier otra de esas fantasías angustiosas que albergamos en nuestro interior y que deben su existencia a nuestra idea de estar «separados de todo».

¿Te duele la espalda por estar manteniendo una misma postura durante tanto tiempo? Ese dolor es un indicio de que la retención de las energías por parte de los músculos involucrados está llegando al límite. Percíbelo de una manera consciente. ¿Deseas abrir los ojos, captar el mundo y volver a hacer lo que estabas haciendo antes de ponerte a meditar? Observa tu inquietud, remóntate hasta sus raíces físicas y psíquicas. No la reprimas, es una parte de ti, dedícale la atención que se merece ¿No quieres ocuparte de ti mismo? ¿Preferirías atender a los gatos o charlar con tu pareja? Analiza tus razones hasta encontrar los temores que se ocultan tras ellas. Hacerlo así es meditar de verdad.

El reiki puede ayudarte bastante a concentrarte y alcanzar el desapego. La profunda relajación que provoca el hecho de ponerte en contacto con tu propio cuerpo y de hacerte sentir sus flujos energéticos es un factor que desencadena casi inevitablemente el proceso meditativo. Lo único que tienes que hacer es tomarte el tiempo necesario. Podrás aceptar y asimilar cualquier parte de ti mismo que te angustie, integrando su valiosa energía en tu nueva personalidad. Cuando esto se produzca, habrá concluido realmente el proceso que se extiende desde el análisis (observador/objeto observado) hasta la síntesis (integración a través de la aceptación consciente y amorosa sin necesidad de recurrir a razonamientos lógicos).

Los siguientes ejercicios de meditación combinan muy bien con el reiki.

La meditación reiki. Ejercicio I

Échate de espaldas y dobla las piernas, dejándolas caer hacia los lados. Une las plantas de los pies de manera que se toquen en toda su extensión. Coloca las manos sobre el pecho, en actitud de oración. También puedes practicar este ejercicio sentado, apoyando la espalda sobre la pared o en un sillón (véase la figura 37).

¿Qué ocurre durante este ejercicio?

Figura 37. La meditación reiki. Ejercicio I

Al unir los pies y las manos, que son los lugares donde se encuentran los chakras secundarios, cierras tu circuito energético. En consecuencia, cualquier zona de tu cuerpo que padezca carencias energéticas podrá beneficiarse de la fuerza vital, que penetrará con mucho ímpetu por el chakra craneal, se dirigirá hacia el del plexo solar, atravesará posteriormente el del corazón y alcanzará, finalmente, los chakras de las manos, desde donde se distribuirá por las áreas necesitadas siguiendo la estructura de los meridianos y las zonas reflejas.

En este ejercicio, los brazos constituyen otro cauce de penetración de la fuerza reiki. Antes de fluir adecuadamente, tendrá que disolver —o como mínimo, permeabilizar— todos los bloqueos con que se encuentre. Cuanto más practiques, más nítidamente sentirás cómo asciende la energía por tus brazos, acompañada de hormigueos y de una sensación de flujo. Tu atención se centrará cada vez más en ti mismo y en tu cuerpo. Al mismo tiempo, la fuerza reiki irá disolviendo tus bloqueos, sustituyéndolos por amor y regalándote una sensación de unidad: sí, has sido aceptado.

Entonando simultáneamente el mantra «OM» (palabra india que significa «así es»), aumentarán los efectos positivos de este ejercicio. Tu cuerpo entero resonará al compás de la energía del mantra. La vibración del sonido «O» se dirigirá hacia el chakra raíz y la de la «M», hacia el tercer ojo. La unión de ambos sonidos te hace sentir los dos polos de tu ser, te hace consciente de tu ligazón con el cielo y la tierra, de tu sujeción a las fuerzas yin-yang.

Respira con el abdomen durante la realización del ejercicio. Te recomiendo que, al principio, no emplees más de tres minutos. A medida que te vayas acostumbrando podrás ir aumentando la duración de las sesiones. En el Tíbet se dice que el hombre puede llegar a ser uno con el universo entonando el mantra «OM» de un modo ininterrumpido.

La meditación reiki. Ejercicio II

Este ejercicio sirve para centrar la atención en tu «toma de tierra» y para hacerte consciente de tu fuerza. El flujo de la energía reiki vigoriza el chakra raíz, suprime los bloqueos de la parte inferior del cuerpo (pies, piernas y pelvis), y mejora el funcionamiento y la energetización del aura. Además, gracias a que la energía se transmite por los meridianos y las zonas reflejas de los pies, todas las regiones del cuerpo tienen la oportunidad de armonizarse. Se trata de un ejercicio idóneo para todas aquellas personas que sean propensas a dolores de cabeza o a cualquier tipo de retención energética en la parte superior del cuerpo.

Ponte de rodillas sobre una superficie que no sea demasiado blanda, separando las piernas de manera que el espacio que quede entre ellas sea algo mayor que la anchura de tus hombros. Coloca las palmas sobre las plantas de los pies, cubriendo la extensión que va desde el hueco central hasta el dedo gordo (véase la figura 38). Las personas flexibles pueden echarse hacia atrás hasta tocar el suelo con la espalda. La eficacia del ejercicio no disminuirá aunque sólo se

Figura 38. La meditación reiki. Ejercicio II

REIKI - Guía práctica para el sendero del AMOR CURATIVO

consiga arquear la espalda ligeramente. Al principio, te mantendrás en esa posición durante aproximadamente cinco minutos. La práctica te permitirá ir aumentando el tiempo.

Para concluir la meditación, te aconsejo que inclines el tronco hacia delante, hasta tocar el suelo con la frente, y dejar que los brazos reposen a lo largo del cuerpo. Permanece en esta postura durante unos minutos e incorpórate lentamente.

La meditación reiki
en pareja. Ejercicio III

Este ejercicio puede ser practicado con cualquier persona que sea un canal reiki. Percibirás a tu pareja de un modo que se sustrae a la comprensión intelectual. Descubriréis nuevas dimensiones en vuestra relación. Aprenderéis a aceptaros amorosamente y desarrollaréis un profundo entendimiento mutuo.

Se trata de un ejercicio ideal para las personas que se aman. Practicándolo antes de hacer el amor, despertará en vosotros la confianza necesaria para gozar del sexo de un modo auténtico. Podréis fundiros completamente. La fuerza reiki, al igual que en los restantes ejercicios, se distribuirá por todo vuestro cuerpo.

Sentaos sobre una superficie que no sea excesivamente blanda, el uno frente al otro. Separad las piernas y doblad ligeramente las rodillas. Acercaos lo suficiente para que uno

Figura 39. La meditación reiki en pareja. Ejercicio III

de los dos pueda poner sus piernas sobre las del otro. Finalmente, juntad las palmas de las manos (véase la figura 39).

Vuestra energía, las vibraciones reiki, circularán entre los dos con una fuerza muy superior a la que resultaría de la simple suma de vuestras respectivas energías. Percíbete y percibe a tu pareja a través de tu propio cuerpo. Dejad que la energía vital atraviese vuestros cuerpos, sentid su vibración, notad la presencia y el calor del otro. Invirtiendo el tiempo suficiente, esta meditación transformará vuestra unión sentimental en una experiencia maravillosa, muy alejada de lo cotidiano.

Cantando el mantra «OM» podréis ir más allá de vuestros límites. Aunque comencéis a cantar por separado, el ritmo de vuestras respiraciones hará que os acompaséis progresivamente. Este proceso es un reflejo del modo en que dos vibraciones se funden en una sola, alcanzando una frecuencia mucho más elevada. Aquí en la Tierra, la labor de una pareja consiste en imitar este proceso, con un sentido cósmico. El ejercicio III es una forma de vivir conscientemente el amor, la compenetración, una manera de sentir que la presencia del otro es un estímulo para alcanzar la «unidad».

La duración mínima de este ejercicio es de cinco minutos. Dado que admitir al otro, desprenderse de todo, fundirse y finalmente volver a encontrarse, pero ante un horizonte mucho más vasto, es un proceso que requiere tiempo, os recomiendo que empleéis entre quince y treinta minutos, una o dos veces por semana.

Meditación reiki en grupo. Ejercicio IV

Este ejercicio está basado en el concepto de «circuito energético». Puede practicarse con un mínimo de dos personas, aunque la experiencia resultará mucho más gratificante cuanto más numeroso sea el grupo.

Formad un círculo y daos las manos, con la palma de la mano izquierda (lado yin) vuelta hacia arriba y la de la derecha (lado yang) hacia abajo. Procurad que el contacto de vuestras palmas sea total, con objeto de que las conexiones resulten completamente eficaces. Separad las piernas y sentid los pies, las plantas tocando el suelo. Relajad las piernas y flexionad levemente las rodillas. Relajad igualmente la pelvis, y procurad que forme una línea recta con el tronco, para que la energía que asciende desde el chakra raíz no tropiece con ningún obstáculo. Mantened la cabeza erguida, como si una cuerda tirara de la coronilla hacia arriba. Aflojad el cuello. Captad la energía que recorre vuestro cuerpo, fluyendo y vibrando dentro de vosotros. Dejaos llevar por vuestras sensaciones. Sentid las manos de vuestros compañeros, reparad en la forma en que os estáis transmitiendo la energía vital universal.

Cantando todos juntos el mantra «OM» la meditación ganará en intensidad. Para mí, participar en un circuito energético y dejarme penetrar por la potente vibración del mantra constituye una experiencia muy especial. Me gusta sentir que mi cuerpo se convierte en una caja donde resuena el sonido «así es», esa divina vibración que expresa una aceptación amorosa e incondicional.

Cuando llevéis algún tiempo practicando el ejercicio, podréis transformar el circuito en una rueda curativa. Haced que uno de los participantes os conduzca a través de la siguiente visualización: «Imagina que una luz blanca y divina está penetrando en ti por tu chakra craneal. Llega hasta tu corazón y desde allí, empieza a irradiar su energía curativa hacia el centro del círculo. Entonces se une con las energías de cada uno de nosotros, formando una enorme bola blanca de vibraciones divinas dotada de una gran capacidad curativa. Ahora puedes convocar a todas aquellas personas de tu entorno que necesiten curarse. Haz que se sitúen en el centro de la rueda. En ese lugar, siempre que la divinidad lo ratifique, obtendrán la curación que desean. También es posible convocar a otros seres, animales o vegetales. Cuando termines, ponte a ti mismo y a la madre Tierra en el centro del circuito. Ábrete todo lo que puedas a la energía del amor curativo. Deja que su flujo te atraviese y que las sombras se conviertan en un rayo de luz resplandeciente...».

En este punto hay que darles tiempo a los participantes para que se dejen inundar por la fuerza curativa. Cada cual se despedirá, bendiciéndolos, de los seres que convocó. Para finalizar nos imaginaremos que nuestros cuerpos físico y astral vuelven a reunirse y abriremos lentamente los ojos. Ha llegado el momento de disolver el circuito energético. Antes de soltarte, puedes agradecerle a Dios, a los demás y a ti mismo que te hayan permitido tener una experiencia tan hermosa. Yo suelo echarme un rato tras participar en este tipo de curaciones, para descubrir lo que está ocurriendo dentro de mí. Otros se ríen, bromean o expresan de cualquier otra forma su alegría.

Resumen

Reiki y meditación

EJERCICIO I: fomento del crecimiento personal, desarrollo de la capacidad de aceptación amorosa (equivalencia con el cuarzo rosa) y de autopercepción (sobre todo en combinación con el mantra OM), adopción de una actitud meditativa frente a la vida cotidiana, eliminación de los bloqueos de un modo paulatino y armónico. Relajación del estrés. Duración mínima: 3 minutos.

EJERCICIO II: fomento del crecimiento personal, «toma de tierra», recarga del chakra raíz y del aura, distanciamiento, con lo que es posible reducir la vulnerabilidad (equivalencia con el espliego). Duración mínima: 3 minutos. Resulta muy útil para curar los chakras.

EJERCICIO III: fomento de la emotividad en las relaciones interpersonales, disolución de los bloqueos del tercer ojo y de la región pélvica, fusión con la pareja y elevación simultánea de la frecuencia vibratoria, fortalecimiento del chakra de la garganta (vigilar las manifestaciones de temor a la proximidad física de otras personas. En caso de que tales temores no se desvanezcan a la siguiente sesión, convendrá consultar con un terapeuta cualificado). Duración mínima: 5 minutos. Se recomienda invertir 15 minutos.

EJERCICIO IV: fomento de la conciencia grupal, apertura del chakra del corazón, unión con otras partes de lo creado, elevación de la frecuencia vibratoria, activación de las fuerzas corporales autocurativas. Duración mínima: 5 minutos. Se recomienda invertir 10 minutos.

Capítulo 12

El REIKI
y los medicamentos

La administración del reiki es muy útil para complementar el tratamiento de cualquier enfermedad seria. Por consiguiente, es importante conocer las interacciones que existen entre la energía vital y los medicamentos, así como los efectos concretos que pueden producirse.

Voy a hacer ahora una sinopsis de las experiencias que en este sentido han tenido algunos médicos naturistas, terapeutas y simpatizantes del reiki en general. Incluyo mis propias conclusiones. No pretendo ser exhaustivo. A ser posible, habría que someter los resultados de nuestras observaciones a una serie de tests clínicos. Pero no es necesario esperar a que esto se produzca, ya que nuestros conocimientos actuales nos permiten formular muchas reglas básicas.

El reiki potencia los procesos vitales, estimula el metabolismo y fomenta la desintoxicación. Además, al relajar profundamente el cuerpo, refuerza sus reacciones autocurativas. Por este motivo, es inevitable que influya sobre los efectos de las medicaciones.

Medicamentos químico
(alopáticos)

De la experiencia se deduce que la energía vital universal disminuye los efectos de todos aquellos medicamentos alopáticos que implican intoxicación del organismo. El reiki acaba con los estados tóxicos con mayor rapidez de la que cabría esperar en otro caso. Obviamente, esa rapidez dependerá de la intensidad y duración del tratamiento recibido. Por otro lado, aplicando el reiki antes que el medicamento, podremos lograr el efecto deseado con una dosis menor. Habrá que tener muy en cuenta todo esto en el caso de los analgésicos y los anestésicos, puesto que son elementos que han de permanecer en el cuerpo para cumplir su cometido.

Determinados anestésicos locales, por ejemplo los odontológicos, contienen aditivos específicos destinados a contraer los vasos sanguíneos, con el fin de que la sustancia narcotizante permanezca durante más tiempo en el lugar afectado. La acción relajante del reiki provoca la disminución de este efecto. En los seminarios de 2º grado, los maestros reiki advierten de que nunca se utilice el tratamiento a distancia en las intervenciones quirúrgicas, por el riesgo que

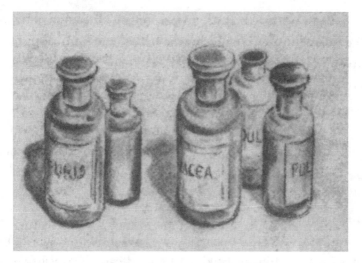

Figura 40. El Reiki y los medicamentos

existe de que el paciente se despierte a destiempo. La misma advertencia resulta válida para los tratamientos directos de 1er grado.

Una vez que la anestesia haya cumplido su función, podremos utilizar el reiki para despertar al paciente de un modo rápido y armónico. Convendrá no aplicar extensos tratamientos integrales cuando el paciente, con posterioridad a la intervención, tenga que tomar potentes analgésicos. En su lugar, aplicaremos la energía vital localmente, esto es, directamente sobre la zona operada y sobre algunos órganos sometidos a grandes esfuerzos, como los riñones o el hígado. De acuerdo con mis observaciones, las aplicaciones locales del reiki no le restan eficacia a los analgésicos. También podemos servirnos de la fuerza vital para calmar los dolores de las heridas posquirúrgicas, o transmitírsela a aquellos ganglios linfáticos que se encuentren sobrecargados de trabajo.

Habrá que tomar idénticas precauciones con aquellos medicamentos cuya eficacia sólo está garantizada cuando su nivel de concentración en la sangre es siempre el mismo, por ejemplo: el Macumar (para la licuefacción de la sangre) o el Digitalis (medicamento cardiotónico).

Los informes que me han llegado en relación con el reiki aplicado antes y después de una quimioterapia han sido bastante positivos. No obstante, no es aconsejable realizar el tratamiento integral durante su transcurso. En caso de duda, consulta con el especialista que haya prescrito la quimioterapia. Si es una persona abierta, podréis buscar la mejor forma de combinar el reiki con los medicamentos alopáticos.

El dolor de cabeza, las heridas leves, las picaduras de insectos, los dientes sensibles, etc., pueden ser tratados mediante la fuerza vital universal, sin necesidad de recurrir a la «porra química».

De cualquier forma, los tratamientos integrales tendrían que ser muy intensos para disminuir de un modo considerable los efectos de los medicamentos alopáticos. No creo que, dado que el reiki es un factor estimulador de numerosos procesos de vitalización, pueda llegar a producirse en ningún caso un empeoramiento drástico de la salud. Todo lo que acabo de decir no tiene otra misión que la de informarte sobre las interacciones que pudieran existir entre la energía vital y los medicamentos alopáticos. No obtengas la conclusión de que el reiki es susceptible de trastornar seriamente la salud.

Fitoterapia

La acción de las plantas medicinales puede intensificarse a través del reiki. Naturalmente, habrá que emplearlas con un sentido integral, buscando la normalización de los sistemas reguladores del organismo. Las sustancias vegetales aisladas u obtenidas sintéticamente deben considerarse más bien como medicamentos alopáticos.

Homeopatía

Los medicamentos fabricados con criterios homeopáticos están concebidos para regular las disfunciones del organismo, ya sean físicas o psíquicas. Si los administramos de acuerdo con los principios de la homeopatía, podremos esperar que actúen de una manera absolutamente integral.

El reiki puede ayudarnos a contrarrestar la recaída inicial que suele producirse durante las curas homeopáticas, o a potenciar el efecto eliminador de las terapias que utilizan el magnesio (*Magnesium fluoratum*), el azufre, el Nosoden, etc. Tratar localmente el sistema linfático y los órganos involucrados en dicha eliminación previene las sobrecargas y garantiza el progreso sosegado de las curas.

Si se administran medicamentos de baja potencia (hasta D6, según el agente activo) en dosis elevadas, los tratamientos reiki (sobre todo el tratamiento integral) ayudan a mantener los niveles normales de concentración en la sangre de dichos medicamentos. Cuando lo que pretendamos sea conseguir un efecto sustancial, la aplicación reiki que acompañe a la terapia deberá adaptarse al mencionado objetivo.

Combinada con los medicamentos homeopáticos, la energía vital universal suele comportarse como el agente desencadenador de los procesos reactivos. El organismo acostumbrado a trabajar con ella, ya sea como emisor o como receptor, responde mejor a los tratamientos de la homeopatía. El cuadro de síntomas que presenta suele ser inequívoco, los componentes animales de sus medicamentos pueden sustituirse por otros de origen mineral o metálico, y es capaz de reaccionar con dosis más pequeñas y de elevada potencia.

Los límites de la homeopatía se encuentran allí donde el organismo carece de fuerzas para iniciar un proceso de autocuración. En tales casos pueden ayudar bastante los tratamientos integrales, o el tratamiento local del chakra raíz.

La energía vital puede utilizarse también para fortalecer un organismo que haya sido sometido a un tratamiento homeopático prolongado, conjuntamente con la medicación correspondiente. Es posible que así consigamos acortar la fase de convalecencia.

Espagírica

Este método curativo se caracteriza por fundamentar la producción de medicamentos en teorías y técnicas alquimistas. En lo que se refiere a su administración, el sistema que sigue es parecido al de la homeopatía y la fitoterapia, aunque se basa en una idea diferente.

Los efectos de la medicina espagírica podrán considerarse integrales cuando los fármacos prescritos hayan sido elaborados siguiendo fielmente los procedimientos preceptivos. Según las experiencias de que he tenido noticia, la aplicación de la fuerza vital reduce notablemente la dosificación y la duración del tratamiento. Al igual que con la homeopatía, el reiki puede usarse como medida de apoyo de las terapias de eliminación. Finalmente, la eficacia de los medicamentos espagíricos aumenta en cierto grado al cargarlos de energía vital.

Elixires florales

Las flores de Bach y las esencias florales de California, Australia, etc., actúan en unos niveles vibratorios muy elevados. Dado que se trata de medicamentos absolutamente integrales, al transmitirles la energía reiki conseguiremos acrecentar sus efectos. Existen unas hojas de color transparente, las hojas de verana, que refuerzan aún más el poder de estas esencias florales.

Para aplicar las terapias florales se necesita que, previamente, el paciente esté armonizado con las altas frecuencias vibratorias de los elixires. De otro modo, estas esencias tan especiales no podrán desplegar toda su fuerza curativa. Un tratamiento reiki integral, aplicado asiduamente, puede facilitar esa armonización. Otra opción: tratar localmente los chakras involucrados en el proceso.

Resumen

ALOPATÍA: queda terminantemente prohibido aplicar el reiki a pacientes anestesiados, y hay que tomar precauciones cuando haya que combinarlo con analgésicos o con aquellos medicamentos que precisen mantener de una manera constante un determinado nivel en sangre (Macumar, Digitalis, etc.). La fuerza vital puede prevenir los efectos secundarios de los medicamentos alopáticos.

FITOTERAPIA: el reiki favorece los tratamientos fitoterapéuticos. Atención a aquellas sustancias vegetales que deban ser incluidas bajo el epígrafe de alopáticas.

HOMEOPATÍA: la fuerza vital universal potencia las curas homeopáticas, sirve como agente desencadenador de los procesos de reacción y fortalece los organismos sometidos a tratamientos prolongados. Personas habituadas a trabajar con el reiki: dosis menores y progresiva sustitución de los componentes animales por otros de origen mineral.

ESPAGÍRICA: véase homeopatía. Fármacos elaborados con criterios espagíricos: aumenta su eficacia al ser cargados de fuerza vital.

ELIXIRES FLORALES: véase espagírica. Las aplicaciones reiki antes y después de los tratamientos mejoran la capacidad reactiva. Las hojas de color transparente de verana aumentan el poder de las esencias florales.

Capítulo 13

El REIKI,
las plantas y los animales

E l contacto con la energía vital universal también es beneficioso para las plantas y los animales. Como es lógico,
el tratamiento es algo diferente del que se emplea con los
seres humanos.

El reiki y las plantas

La duración del tratamiento dependerá del tamaño de
la planta. Aquellas que sólo miden unos cuantos centímetros
suelen responder bastante bien a las aplicaciones cortas, de
unos dos o tres minutos, mientras que las plantas de interior necesitan aplicaciones algo más largas, de entre cinco y

Figura 41. La fuerza reiki y las plantas de interior

siete minutos. Con las plantas grandes y con los árboles no suelen bastar los métodos del 1er grado, por lo que habrá que recurrir a los del 2º grado. Con estos últimos incluso es posible, fácilmente y en muy poco tiempo, aplicarle la fuerza reiki a los bosques. Una manera sencilla de tratar a cualquier planta que crezca en un pequeño jardín consiste en transmitirle la energía vital al agua de riego. Según mi experiencia, son suficientes las aplicaciones de uno o dos minutos por litro. El péndulo puede ayudarnos a determinar la cantidad de energía trasmitida, regando una vez termine de oscilar negativamente.

En lo que se refiere a las plantas de interior, conviene tratar no sólo las hojas, sino también las raíces, con objeto de prevenir cualquier enfermedad que puedan sufrir.

El reiki y los parásitos

La fuerza reiki es muy adecuada para eliminar los parásitos de las plantas. Basta con administrarles la energía universal durante unos minutos para que aumente su fortaleza y sean capaces de derrotar a los invasores, que dicho sea de paso, casi nunca resisten más de una jornada. Al final, conviene enjuagar las hojas y limpiar la tierra, con el fin de suprimir cualquier resto del veneno de los parásitos. Además, habrá que prolongar el tratamiento durante algunos días, para facilitar la recuperación de la planta. De lo contrario, podría suceder que sucumbiera debido al gran esfuerzo defensivo realizado, sobre todo si estaba muy infestada.

La meditación reiki y los árboles

Las meditaciones con árboles son muy productivas. Acércate a un árbol vigoroso y abrázalo, o simplemente tócalo con las palmas de las manos. Al poco tiempo, percibirás su presencia poderosa y tranquila. Tú le transmites la energía vital y él te rodea con su aura. Si el contacto es frecuente, puede ocurrir que captes imágenes o tengas ciertas impresiones: los árboles pueden ser muy buenos consejeros cuando confían en ti.

Quizás, tras leer el párrafo anterior, pienses que me he vuelto rematadamente loco y sientas la tentación de cerrar este libro, pero... ¿por qué no lo intentas? Posiblemente te sorprendas tanto como yo cuando tuve mi primer contacto con un árbol.

El reiki y la ecología

En estos tiempos conviene recordar que la Tierra necesita nuestros cuidados. No podemos servirnos de ella como si fuese un supermercado en el que las mercancías se reponen al instante. Esta actitud ha causado ya suficiente daño.

Quienes estén iniciados en el 2º grado pueden contribuir enormemente a la supervivencia de nuestros bosques. Averigua cuáles son las zonas damnificadas de tu lugar de residencia y, mediante el tratamiento a distancia, envíales asiduamente la energía reiki. El efecto, naturalmente, será mucho mayor si lo haces junto con otras personas. Me

Figura 42. Intercambio energético con un árbol

alegraría recibir una carta tuya en la que me manifestaras tu interés por esta clase de trabajo ecológico. Si lo haces, le remitiré tu dirección a otras personas que tengan tus mismas inquietudes (con tu consentimiento, por supuesto). También me gustaría que me hablaras de tus experiencias al respecto. Podrían ser incluidas en posteriores ediciones de este libro. El objetivo último: crear una red de ecologistas reiki. Imagínate los beneficios que podríamos aportarle al mundo.

Figura 43. Reiki a distancia: una forma de luchar contra la degradación de nuestros bosques

El reiki y los animales

Los animales son muy sensibles a la fuerza reiki. Conocen instintivamente la cantidad que necesitan y el lugar donde debe serles aplicada. Te lo explicaré con un ejemplo: estás tomando té en casa de un amigo. De pronto, su perro se te acerca y te empuja con el hocico. Si en ese momento le pones las manos sobre el cuerpo, él mismo adoptará la postura que le permita recibir la fuerza reiki justo donde la necesite. Al cabo de un rato quizás cambie de posición. Cuando el animal empiece a moverse repetidamente, o cuando se retire por sí solo, la sesión podrá considerarse concluida.

Esta clase de sesiones influirán bastante en vuestras relaciones: podréis llegar a ser auténticos amigos. El animal olvidará su natural recelo y te dará toda su confianza.

A los animales grandes o peligrosos no hay que tratarlos directamente. Aplícales el reiki mediante las técnicas a distancia del 2º grado. Si esto no es posible, puedes optar por transmitirles la energía vital a través de la comida o el agua. Este procedimiento, obviamente, es menos eficaz que el tratamiento directo, pero si lo aplicamos con asiduidad y durante un periodo de tiempo largo, también obtendremos resultados. A propósito, los piensos, las conservas o el agua del grifo que les damos a nuestros animales domésticos no son precisamente lo más adecuado para contribuir a su bienestar. Ya que en la mayoría de los casos no podemos proporcionarles alimentos más sanos (carne fresca y agua mineral, por ejemplo), tratemos al menos su comida con el reiki. De ese modo reduciremos el daño que pueda causar y aumentaremos su digestibilidad. Esto es igualmente válido para tu propia comida.

El reiki y los caballos

Una amiga mía, veterinaria, afirma que sus caballos se recuperan con mayor celeridad de los cólicos cuando les aplica el reiki. Según dice, las molestias desaparecen rápidamente combinando el tratamiento reiki con las curas homeopáticas. Les pone las manos sobre el vientre y, tras un corto periodo de tiempo, varía la posición.

El reiki y los gatos

Castrar a los gatos cuando conviven con nosotros o esterilizar a las gatas para evitar constantes estados de celo son medidas prácticamente inevitables. La fuerza reiki puede ayudarles a superar la intervención quirúrgica y a reponerse con rapidez. Las gatas en celo suelen calmarse bastante al administrarles la energía vital, sobre todo si al mismo tiempo les cantamos la vocal «u» desde el fondo del vientre. La vibración de esta vocal, que está relacionada con el chakra sexual, permite que el animal establezca contacto con la energía adecuada. Para que esta técnica funcione, es imprescindible que el sonido se forme realmente en tu vientre; de lo contrario, carecerá de la vibración del 2º chakra. No debe importarte que tus amigos te tomen por loco cuando te vean cantándole a la gata. Quizás, al ver los resultados, acaben imitándote.

El reiki puede influir sobre todos los seres de tu entorno. Las plantas y los animales se sentirán muy a gusto con

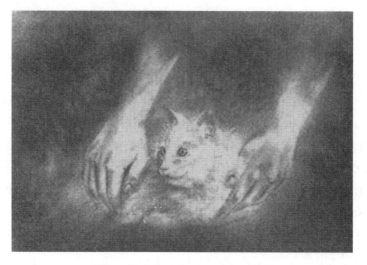

Figura 44. A los gatos les gusta el reiki

tu presencia y confiarán más en ti. Tu aura está enriqueciéndose continuamente en virtud de las vibraciones reiki emitidas por los chakras de tus manos. Cualquier cosa que roce tu aura entrará en contacto, de un modo simultáneo, con la energía vital. Cuando te acerques a una planta o a un animal y sientas un hormigueo en las manos, deberás interpretarlo como un signo de que está absorbiendo su porción de reiki.

Puede ocurrir que tu repentina afición por el reiki irrite a tu animal doméstico. Se da cuenta de que vibras de una manera distinta, no lo entiende, y le resulta extraño. Dale tiempo y verás como se acostumbra. No pasará mucho antes de que venga hacia ti por propia iniciativa, buscando la caricia de tus manos.

Resumen

El reiki aplicado a plantas y animales

Las plantas pueden ser tratadas de forma directa, aplicándoles la energía vital sobre las hojas y las raíces, o indirecta, a través del agua de riego. Las técnicas del 2° grado nos permiten tratar un gran número de plantas a la vez. El tratamiento inicial de las jóvenes, pequeñas o endebles debe ser breve, aunque puede ir alargándose gradualmente. Los bosques afectados por la lluvia ácida requieren aplicaciones a distancia.

Es posible tratar directamente a aquellos animales cuyo contacto no entrañe peligro. Los peligrosos deben ser tratados a distancia o a través de los alimentos. En general, los animales te indican la cantidad de energía que precisan y el lugar donde quieren que se les aplique. Respeta sus deseos. A veces reaccionan con irritación cuando alguien que les resulta familiar acaba de ser iniciado en el reiki. Déjalos que se habitúen, y serán ellos mismos los que busquen el contacto.

Capítulo 14

Las posibilidades de los grados superiores del REIKI

El 2º grado

En este capítulo, entre otras cosas, encontrarás información acerca de los vastos horizontes que se te abrirán con la iniciación al 2º grado del reiki —el espectro de tus facultades aumentará considerablemente—, pero no incluiré instrucciones prácticas de ningún tipo, porque éstas sólo pueden ser transmitidas oralmente, durante los seminarios de iniciación. Conocer las técnicas de este grado confiere un enorme poder; por consiguiente, los símbolos, claves y métodos empleados sólo deben ser revelados al aspirante cuando éste se encuentre frente a su maestro reiki. Estoy seguro de que no te enfadarás por ello.

Cierta técnica nos permitirá lograr efectos más intensos con sesiones más cortas. Podremos aumentar el flujo energético vital y potenciar su eficacia, y seremos capaces de positivizar los patrones vibratorios negativos de los cristales (y de algún metal), con lo que estaremos en condiciones de purificar fácilmente cualquier tipo de energía.

Hay otra clave que nos capacitará para efectuar curaciones psíquicas. Descubriremos la manera de acelerar los procesos de concienciación. Aprenderemos a conducir la energía reiki directamente hacia el inconsciente de las personas, a ejercer un influjo positivo sobre las pautas kármicas, sobre las adicciones, sobre los miedos, sobre cualquier clase de trastorno psíquico o espiritual.

La transmisión a distancia es la técnica que admite un mayor número de aplicaciones en este grado. Al igual que las anteriores, está basada en la capacidad de concentrar la energía inmanente de nuestros pensamientos, evitando que se disperse en el espacio y enviándola, como una flecha, hacia un punto determinado. Seremos capaces de dirigir la fuerza reiki hacia cualquier lugar, aunque se encuentre más allá del espacio y del tiempo, por ejemplo, hacia situaciones del pasado que originaron problemas psicológicos aún no resueltos. La disolución de esos viejos patrones creará la base apropiada para seguir evolucionando en el presente.

La iniciación al 2º grado será un importante estímulo para tu intuición. Con algún entrenamiento, lograrás intercambiar informaciones a distancia. Podrás purificar la energía de cualquier espacio, neutralizar hasta cierto punto las radiaciones terrestres o de los aparatos tecnológicos, instalar una «ducha reiki» en un sitio determinado, etc. Serás capaz de proveer de energía vital a países enteros, a toda la Tierra —obviamente, tú solo no llegarás a producir un efecto palpable, pero quizás pueda lograrse algo mediante la acción conjunta de un grupo de iniciados en el 2º grado.

Además de beneficiar a otras personas, estarás en condiciones de mejorar tu salud y fomentar tu propio desarrollo. Mediante el tratamiento a distancia, es posible autoaplicarse la energía reiki por todo el cuerpo y de una manera simultánea. No necesitarás más que una sesión de unos 20 minutos (recuerda que en el tratamiento de 1er grado se necesitaban 90 minutos). Otra de las ventajas del 2º grado es la posibilidad de enviar la fuerza vital a varias personas a la vez.

Figura 45. El tratamiento reiki a distancia

Si deseas obtener más información, dirígete a un maestro o maestra reiki, y si lo que acabo de decir no te parece creíble, pregúntale a un iniciado del 2º grado, o pídele que te trate a distancia: obtendrás un ejemplo en tu propio cuerpo.

El 3er grado

Éste es el grado magistral. Quien lo posee está capacitado para convertir a otros en canales del reiki. Obviamente, el maestro reiki, a su vez, no es más que otro canal de la energía universal. El 3er grado no se alcanza sin antes haber experimentado largos procesos de transformación personal. Requiere una fuerte identificación con la filosofía reiki. Hawayo Takata, la penúltima gran maestra reiki, dijo lo siguiente: «Cuando estés dispuesto a dejarlo todo para difundir el reiki por el mundo, entonces estarás preparado para convertirte en maestro». Los maestros reiki no son controlados por ningún gran maestro ni están ligados a ningún grupo, sino que son totalmente libres para creer lo que deseen y para decidir de acuerdo consigo mismos. No existe ninguna «secta», «iglesia» o «gurú». Nadie posee el mando. Nadie fija la dirección que hay que seguir. El mensaje del reiki no es la dependencia ni el dogmatismo, sino la libertad y el amor.

Capítulo 15

Preguntas y
RESPUESTAS

«A veces, mis manos no perciben ninguna
sensación de flujo, ¿por qué?»

Existen varias posibles razones. Primera: cuando uno está plenamente inmerso en el estrés de la vida cotidiana, necesita volverse menos sensible a fin de resistir las continuas agresiones de la sociedad. Esto disminuye considerablemente la sensibilidad necesaria para captar el flujo energético. Puede que la percibas muy débilmente, o que no la percibas en absoluto. Relájate, tendrá que pasar algún tiempo hasta que recuperes la sensibilidad perdida. Segunda: quizás no haya pasado mucho tiempo desde tu iniciación y tu capacidad no esté lo suficientemente desarrollada. Sigue trabajando con asiduidad y tu percepción irá evolucionando de una forma natural. Los ejercicios de sensibilización descritos en el capítulo 7 son muy aconsejables. Tercera: puede que no captes ninguna energía porque el receptor la rechace inconscientemente o porque no la necesite. Si ese rechazo es únicamente local, intenta disolver el bloqueo tratando la zona refleja correspondiente. No olvides que cuanto más alejada se encuentre dicha zona refleja de la región afectada, más eficaz resultará el tratamiento.

«¿Es posible que el reiki deje de actuar a través de mí?»

No. La iniciación te convierte definitivamente en un canal reiki. Jamás perderás el contacto con la energía divina. Aun en el caso de que no la utilizaras durante muchos años —algo prácticamente imposible, ya que la fuerza vital fluirá siempre que sitúes las manos sobre cualquier cosa que la necesite—, la energía estará ahí, inevitablemente, a disposición del receptor. Lo que sí puede suceder es que en un momento determinado no seas capaz de percibir su flujo (véase la pregunta anterior).

**«¿Por qué a veces no ocurre nada
cuando aplico el reiki?»**

Siempre ocurre algo cuando un ser absorbe la energía vital, aunque el resultado pueda diferir de lo que tú pretendías conseguir. El reiki actúa a su manera, y nuestras posibilidades de influir en su acción son muy limitadas. Tal vez estabas intentando apoyar a alguien para que dejara de fumar, pero el resultado esperado no se produjo pese a los esfuerzos realizados. Quizás, al cabo de unas semanas, tu paciente empezó a hacer deporte y a disfrutar del hecho de moverse. Cabría pensar que este cambio de actitud ha sido inducido por la fuerza vital.

Si le has aplicado la energía reiki a un individuo aquejado de un trastorno serio de salud sin que se haya producido ninguna mejoría, remítelo de inmediato a un especialista. Posiblemente, la cantidad disponible de fuerza vital no ha sido suficiente para provocar un cambio decisivo, o se trata de una enfermedad que requiere una intervención quirúrgica. Te aconsejo que no desperdicies el tiempo en intentos vanos, sobre todo cuando haya de por medio supuraciones o dolores fuertes y persistentes. Envía al paciente a la consulta de un médico naturista competente.

«¿El reiki es un tipo de curación espiritual?»

Es difícil contestar con un sí o un no rotundos a esta pregunta. Existen muchos métodos de curación espiritual, comenzando por los psicocirujanos brasileños y terminando por los «sanadores crísticos». Todos se sirven de las energías etéricas, todos involucran al ser integral en el proceso curativo; por lo tanto, cabe definirlos como «curaciones espirituales». El reiki es uno de ellos, sí, pero también es algo más, porque no sólo nos libera de nuestros trastornos físicos, sino que nos ayuda además a vivir más conscientemente, a ser más vitales, a sentir la proximidad de Dios. El reiki no es únicamente un remedio que devuelve la salud a los enfermos, equiparable a los restantes métodos curativos; también es una vía efectiva para todas aquellas personas sanas que deseen aumentar su vitalidad y su capacidad de amar. Quizás la respuesta más acertada sea ésta: la curación espiritual no es más que una de las muchas facetas del reiki.

«Conozco a una persona a quien le beneficiaría un tratamiento reiki, pero nunca deja que se lo aplique, ni desea iniciarse. ¿Convendría que yo pasara al 2º grado con objeto de tratarla a distancia, sin que lo sepa?»

A ningún ser vivo debe suministrársele la fuerza vital contra su voluntad. Toda persona tiene derecho a organizar su vida a su manera. Las técnicas del 2º grado no deben servir para ignorar la voluntad de los demás. Hemos de respetar su negativa y no pedir explicaciones.

Esta pregunta concierne muy especialmente a los iniciados en el 2º grado, que poseen la capacidad de administrar la energía sin que exista contacto con el receptor. Cuando no puedas averiguar si cuentas con el beneplácito del receptor (estados comatosos, desmayos, trastornos mentales, imposibilidad de establecer contacto con él, etc.), consulta un oráculo o déjate guiar por tu intuición, sin perder de vista tu responsabilidad.

«¿Por qué son tan costosas las iniciaciones?»

1) Cada persona interesada no necesita más que una iniciación por grado en toda su vida. Considerando que a partir de ese momento la fuerza reiki puede ser empleada cuando se desee, esto es, la relación coste/utilidad, la conclusión es que debería ser incluso más caro.

2) Dado que el individuo, por una parte, no precisa más que una iniciación por grado, y que por otra los maestros reiki también necesitan dinero para subsistir, no existe otra posibilidad que cobrar una cantidad adecuada.

3) Las iniciaciones te proporcionarán una capacidad maravillosa que te colmará de satisfacciones. No obstante, el reiki no es imprescindible para alcanzar la felicidad. Por consiguiente, no te verás privado de algo absolutamente necesario. Todo aquel que considere que el reiki es importante para seguir evolucionando no tendrá inconveniente alguno en pagar lo que se le pide.

4) El reiki es un valor en sí mismo. Durante la iniciación el individuo lo recibe como un don destinado a convertirse en una parte integral de su personalidad. Pagando un precio elevado valoraremos más lo que recibimos a cambio. Por desgracia, lo «caro» siempre nos merece un mayor respeto que lo «barato».

Yo no suelo hacer descuentos en mis cursos, y no soy el único. Hawayo Takata, la penúltima gran maestra reiki, dijo lo siguiente: «Con el reiki no valen regateos».

«¿Es imprescindible la iniciación
para imponer las manos?»

Por supuesto que no. Todas las personas poseen, en mayor o menor medida, la facultad de transmitir la energía vital a través de sus manos. La diferencia radica en un hecho fundamental: la iniciación garantiza que el individuo, en lugar de transmitir su propia energía, se va a convertir en un canal de la fuerza vital universal. Éste es el motivo de que el trabajo reiki no produzca cansancio. Las iniciaciones nos dotan además de una especie de mecanismo protector que impide que absorbamos o transmitamos vibraciones negativas durante la sesión, aumentan el poder del flujo energético y multiplican la capacidad natural que podamos tener.

«¿Tengo que creer en el reiki
para que surta efecto?»

No. Siempre que exista una necesidad y siempre que el subconsciente del receptor lo acepte, el reiki surtirá efecto. No hay más condiciones. La transmisión de la energía vital no es un fenómeno psicológico, como la hipnosis o la sugestión; su eficacia no se debe al efecto placebo ni a nada parecido. No es preciso que el canal reiki deposite su fe en lo que hace. Todo sucederá por sí mismo.

«¿El reiki es magia?»

A mi juicio, una definición acertada de la magia podría ser ésta: «La magia es el arte de producir cambios en la conciencia a través de la voluntad» (Dion Fortune). De esto se desprende que el reiki no tiene nada que ver con la magia, puesto que los procesos que pone en marcha, aunque estén orientados hacia la consecución de un estado de conciencia más elevado, no están causados por la voluntad del individuo, sino por la acción exclusiva de la energía vital.

Sin embargo, si nos atenemos a la definición popular —»la magia es el arte de usar las fuerzas de la naturaleza con objeto de obtener resultados sorprendentes»—, sí podríamos concluir que el reiki es un método mágico. Pero no hay que sentir ningún temor: el reiki está muy alejado de la magia negra. No se sustenta sobre el odio y el miedo, sino en el amor ilimitado.

«¿Qué ocurre en las ceremonias de iniciación que se celebran durante los seminarios?»

En las iniciaciones, el maestro reiki se convierte en un canal, en un mediador entre la persona que va a ser iniciada y Dios. El contacto con la energía divina es tan intenso que ésta penetra hasta lo más profundo del ser humano, liberándolo de sus sentimientos de culpa. Esto último es una condición sine qua non para que el individuo pueda asumir sus funciones y transformarse realmente en un canal de la energía vital universal. Una vez que los sentimientos de culpa se han desvanecido, la capacidad de amar de las personas se incrementa, y se eleva su nivel de conciencia. Los rituales iniciáticos son las llaves que Dios nos ha dado para que podamos abrirnos a las fuerzas del amor curativo.

«¿Puedo causarle daño a alguien con el reiki?»

No, porque el reiki es amor, y el amor no puede causar daño. No obstante, si la arrogancia te empuja a creer que puedes curarlo todo y a todos, si evitas que tu paciente recurra a tiempo a un especialista, a un terapeuta o a un médico, entonces sí que puedes dañar a otras personas. El reiki no te exime de tu obligación de actuar responsablemente, tanto contigo mismo como frente a aquellos que depositan en ti su confianza.

«¿La fuerza reiki fluye de la misma manera si no rezo previamente ni igualo el aura del paciente?»

Como ya he dicho, la energía vital fluye siempre que alguien la necesite y admita recibirla. No hay más condiciones ni puede haberlas. El reiki es un regalo, y los regalos son incondicionales.

«¿La fuerza reiki puede curar
cualquier enfermedad?»

No. El reiki tiene muchas aplicaciones, pero no es omnipotente. Puede ser un complemento muy útil para cualquier terapia o diagnóstico médico, pero no debe sustituirlos. Quienes han de tratar las enfermedades serias son los médicos. Los profanos harán bien limitándose al terreno de la prevención y al tratamiento de trastornos corrientes (todas aquellas dolencias que se curan por sí solas, sin recurrir al médico o al naturópata).

«Cuando me aplico la fuerza vital a mí mismo
no obtengo resultados. ¿Cuál es la causa?»

El problema quizás radique en que, en el fondo, lo que deseas es que alguien se ocupe de ti. Esta necesidad, consciente o inconsciente, hace que rechaces tu «propia» energía vital y que no puedas suministrarte a ti mismo lo que estás buscando. Acéptate, admite tu necesidad de calor humano. El reiki no puede ni debe suplir a los demás.

«¿Siempre se transmite la misma
cantidad de energía vital?»

No. El individuo, con cada iniciación, verá cómo se incrementan notablemente sus posibilidades y su potencial de transmisión. El grado básico de apertura a la fuerza vital obtenido con la primera iniciación irá incrementándose progresivamente con la práctica y con las siguientes iniciaciones.

«Últimamente me canso cuando transmito mucha energía. ¿A qué se debe?»

Cada vez que canalizas la energía reiki, tú también absorbes una parte de ella. Asimismo, los procesos curativos se ponen en marcha dentro de ti y mientras permanecen, se nutren de tu energía y de tu vitalidad. Adminístrate asiduamente una buena dosis de fuerza reiki, con objeto de fortalecer tu organismo, y concédete el tiempo necesario para evolucionar tranquilamente. A medida que trabajes con el reiki, las reacciones debilitadoras irán disminuyendo y tus canales energéticos podrán rendir mucho más.

«¿Pueden malograrse los efectos de la iniciación?»

No, puesto que es Dios quien te ha iniciado estableciendo un nexo permanente entre Él y tú a través de un mediador (el maestro reiki). Las facultades adquiridas durante la iniciación jamás pierden su eficacia, sea cual sea tu comportamiento posterior.

«Sé que la energía vital me beneficia. sin embargo,
nunca tengo tiempo para tratarme a mí mismo.
¿Qué me ocurre?»

Tu relación contigo mismo ¿es satisfactoria? ¿Te concedes algún capricho de vez en cuando? Quizás no te estimas lo suficiente. Te recomiendo que reflexiones, que busques las auténticas causas de tu actitud. Ése será el primer paso hacia la solución del problema. También puedes meditar con un cuarzo rosa o repetirte afirmaciones como las siguientes: «Me concedo este tiempo a mí mismo porque me amo», «Me amo y me gusta demostrármelo». Todavía tienes otra opción: vuélcate totalmente sobre los demás, hasta que te sacies, hasta que necesites reorientarte hacia ti mismo. A mí, personalmente, esta medida siempre me ha ayudado mucho.

También puede ocurrir que tu ritmo evolutivo sea demasiado rápido, que no tengas tiempo de apreciar los cambios ni las numerosas perspectivas que están abriéndose ante ti. Quizás estés huyendo inconscientemente del reiki porque temes que pueda aumentar aún más la cadencia de tu desarrollo. Concédete un periodo de descanso, reflexiona sobre los temores que te inspira tu proceso de evolución. Al cabo de un tiempo desearás volver a administrarte la energía vital. El movimiento y la calma están mutuamente entrelazados: no pueden existir el uno sin el otro.

«Me asusta la posibilidad de interferir, a través del reiki, en el karma de otras personas o en el mío propio»

La esencia del reiki es el amor, y como ya he dicho, el amor no puede ocasionar ningún daño. La energía vital universal es capaz de disolver las deudas kármicas, pero no de crearlas. No obstante, es preciso distinguir entre lo que es el reiki en sí mismo y el uso que nosotros hagamos de él. Por ejemplo, si tratamos a alguien en contra de su voluntad, a él no le causaremos ningún perjuicio, desde luego, pero nosotros sí que nos estaremos creando una nueva deuda kármica.

«¿Para qué necesitamos todas esas técnicas de meditación con cristales, perfumes, etc.? ¿No surte el reiki los mismos efectos por sí solo?»

Por supuesto que los surte, de manera que si no lo deseas no tienes por qué aplicar ninguna técnica adicional. Fueron concebidas, sobre todo, para aquellas personas que necesitan estímulos suplementarios a fin de abrirse a la energía vital. Como es lógico, cuando no hay apertura el reiki no surte efecto alguno. Las meditaciones y demás métodos descritos son, por lo tanto, medidas complementarias que contribuyen de una manera indirecta al éxito del reiki.

ÍNDICE
terapéutico

Aquí encontrarás una guía de las posiciones más indicadas para tratar síntomas concretos y enfermedades.
Algunas posiciones del tratamiento integral son muy eficaces
a la hora de tratar determinados síntomas. Conviene insistir
en ellas, manteniéndolas durante más tiempo o aplicándolas
fuera de la serie.

Una regla empírica relativa a la frecuencia y a la duración
de los tratamientos puede ser la siguiente: los trastornos
agudos se solventan con unas cuantas sesiones consecutivas;
los crónicos, por su parte, requieren en principio cuatro
tratamientos integrales consecutivos, y posteriormente, de
acuerdo con la gravedad de la enfermedad, de una a tres
sesiones semanales. Para calcular la duración de estas

sesiones, puedes utilizar como base los años transcurridos desde que el individuo perciba el mal, sin olvidar los periodos de incubación, que en el caso de ciertas enfermedades (cáncer, etc.) puede elevarse a varios lustros. Hay que invertir un mes de tratamiento por cada año de enfermedad (claro está que se trata de una proporción aproximada; también hay que tener en cuenta factores como la constitución del individuo y el estado de la dolencia). El tratamiento quizás resulte algo extenso, pero no hay que olvidar que probablemente el cuerpo del paciente tardó bastante tiempo en manifestar los primeros síntomas. Necesitará, por lo tanto, de un periodo igualmente extenso para recobrar la normalidad. En cualquier caso, desprenderse de una mentalidad enfermiza es un proceso que siempre requiere tiempo y ayuda.

Cuando se trate de enfermedades que impliquen riesgo de muerte, habrá que añadir un trabajo específico sobre los chakras 1° y 6°, así como el equilibrado del conjunto, y con las que impliquen algún tipo de deformación, un trabajo específico sobre los chakras 2° y 5°, y el equilibrado del conjunto. Con todos aquellos trastornos que frenen o paralicen la libre expresión del cuerpo o de la mente, un trabajo específico sobre los chakras 1°, 3° y 5°, y el equilibrado del conjunto. Con las enfermedades que afecten a los líquidos corporales (sangre, linfa, saliva, jugos gástricos, sudor, resecamiento de la piel, orina, diarrea, estreñimiento), un trabajo específico sobre el 2° chakra y sobre los riñones. En los trastornos psicóticos o nerviosos, será necesario insistir sobre el chakra del plexo solar, el *hara* y la región hepática.

RECUERDA: ¡los tratamientos reiki no pueden soslayar la consulta con el médico, el naturópata o el psicólogo! ¡Todo trastorno serio, o cualquiera que pudiera llegar a serlo, debe ser tratado por un especialista!

ACCIDENTES: llamar al médico. En caso de *shock* y como medida de primeros auxilios, ejecutar las posiciones 13 y 8, y colocar las manos sobre las hemorragias eventuales, sin llegar a tocarlas (véase «Pánico» y «Angustia»).

ACNÉ: tratamientos integrales durante varios días consecutivos. Más tarde, a diario o cada dos días, aplicaciones locales y ejecución de las posiciones 5, 6, 8, 10 y 13.

ADICCIONES: trabajar con el tercer ojo. Tratamientos integrales (desintoxicación física y psíquica). Ejecutar además las posiciones 1, 5, 6, 8, 11, 12 y 13.

AHOGOS (DISNEA): ejecutar las posiciones 4, 8 y 17. Tratar también la región escapular/los hombros.

ALERGIAS: tratamientos integrales. A continuación, aplicaciones locales y ejecución frecuente de las posiciones 1, 5, 8 y 10.

AMIGDALITIS: ejecutar las posiciones 1, 3, 5, 9 y 13. (Véase también «Infecciones»).

AMPUTACIONES: tratar el muñón y la prótesis (como si fuesen el miembro amputado), ejecutando además las posiciones 1, 8 y 14.

ANEMIAS: algunos tratamientos integrales. Posteriormente, ejecutar las posiciones 4, 6 y 7, y administrar la fuerza vital por la parte superior del cráneo.

ANESTESIA: no aplicar el reiki mientras el individuo se encuentre anestesiado, porque correremos el riesgo de que se despierte a destiempo. Tratamiento integral antes y después de la anestesia. Ejecutar además las posiciones 1, 6, 8, 14 y 17. En función del estado del paciente, renunciaremos o no al tratamiento integral, ejecutando únicamente las posiciones indicadas.

ANGINA DE PECHO: aplicar la energía vital sobre el diafragma y la parte superior de la espalda. Ejecutar las posiciones 2, 3, 5 y 8.

ANGUSTIA: ejecutar las posiciones 8, 13, 14 y 17. En casos extremos colocar también las manos sobre la coronilla. Para eliminar el miedo a la proximidad física y conseguir que el paciente aprenda a abrirse y cerrarse de un modo sano, tratar los codos (tanto por la parte interna como por la externa).

ANTIBIÓTICOS (EFECTOS SECUNDARIOS): tratamientos integrales durante varios días consecutivos y ejecución posterior de las posiciones 5, 6, 8, 9, 10 y 13. Cuando las molestias se hayan atenuado, seguir aplicando el reiki localmente una o dos veces a la semana, sobre el hígado y los riñones. Ejecutar la posición 17. (Véase también «Infecciones»).

APENDICITIS: ¡llamar enseguida al médico! Mientras llega, tratamiento local del apéndice. Cuando los dolores sean muy fuertes, aplicación de las posiciones 13 y 17.

APOPLEJÍA: aplicar el reiki en el hemisferio cerebral opuesto al lugar afectado, esto es, el hemisferio izquierdo cuando la afectada sea la parte derecha del cuerpo y viceversa. ¡Imprescindible avisar al médico!

ARTRITIS: tratamientos integrales seguidos de aplicaciones locales. Ejecutar además las posiciones 13 y 17.

ARTROSIS: aplicar el reiki sobre la parte afectada. Realizar además las posiciones 13, 14 y 17.

ASMA: ejecutar las posiciones 1, 4, 9 y 10.

AYUNO: aplicar las posiciones 5, 8, 10, 12, 14 y 17.

BAZO (TRASTORNOS DEL): ejecutar la posición 8 y trabajar sobre el 2º chakra.

BILIS (TRASTORNOS DE LA): ejecutar las posiciones 1, 6, 12, 15 y 17. Cuando los trastornos sean crónicos, tratar el tercer chakra.

BOCA: tratamiento local. Llevar a cabo la posición nº 1. Aplicar el reiki sobre los pulgares de los pies y las manos.

BOCIO: aplicar el reiki dos palmos por encima de los tobillos. Ejecutar las posiciones 5, 9, 10 y 14.

BRONQUIOS: ejecutar las posiciones 1, 9 y 11. Además, transmitir la energía vital colocando las manos debajo del pecho, sobre las costillas.

CABEZA (DOLORES DE): aplicar las posiciones 1, 4, 11, 12 y 17 (no es necesario ejecutarlas todas; podemos limitarnos a las que resulten más eficaces en cada caso).

CÁNCER: tratamientos integrales asiduos. Además, aplicaciones locales sobre los lugares afectados. Ejecutar con intensidad las posiciones 6 y 8. Mantener durante 15 o 20 minutos la posición 9. Trabajar sobre el 4º chakra, equilibrando el resto a partir de él. En los casos de debilitamiento, ejecutar las posiciones 14 y 17, y equilibrar los chakras 1º y 6º. Cuando sea cáncer de lengua, transmitir la energía vital a través de los pies. En el cáncer de mama o del sistema urogenital, realizar además con intensidad las posiciones 10, 14 y 16, y trabajar sobre el 2º chakra. En los carcinomas, tratamientos locales, breves (unos minutos) y asiduos, y aplicar el reiki en las plantas de los pies (véase también «Desintoxicación»).

CANSANCIO: equilibrar los chakras y ejecutar las posiciones 1, 2, 10, 14 y 17.

CARIES: ejecutar las posiciones 1, 6, 10, 14, 15 y 17. Trabajar localmente sobre el 1er chakra.

CIÁTICA: posición especial para la ciática.

CICATRICES: tratamiento local. Ejecutar las posiciones 5, 8 y 9.

CIRCULACIÓN SANGUÍNEA: llevar a cabo las posiciones 1, 5, 6 y 8. Aplicar el reiki sobre los hombros, por encima del pecho, bajo las axilas y en la parta interior de los muslos. Además, transmitir la energía colocando las manos a ambos lados de la línea central de la cabeza.

CONTRACCIONES ESPASMÓDICAS: aplicaciones locales. Ejecutar las posiciones 1, 6, 12, 13, 15 y 17, y trabajar sobre el tercer ojo. En cualquier caso, cuando exista propensión a tener contracciones hay que visitar al médico.

CORAZÓN (ATAQUE AL): aplicar el reiki sobre las partes superior e inferior del vientre, ¡nunca directamente sobre el corazón! Ejecutar además las posiciones 6, 8, 11 y

13. (Estas medidas no son más que primeros auxilios. ¡Avisar inmediatamente al médico!)

CORAZÓN (DILATACIÓN DEL): aplicar el reiki por encima de los pezones. Ejecutar las posiciones 2 y 3.

CORAZÓN (OPRESIÓN DEL): aplicar el reiki sobre ambos costados, unos diez centímetros por debajo de las axilas. Efectuar las posiciones 2, 3, 9, 11 y 13. (TRASTORNOS CARDÍACOS EN GENERAL): tratar los chakras 2º y 4º. En todas las afecciones cardíacas el paciente debe consultar a un médico o a un naturópata.

DEBILITAMIENTO: tratamientos integrales. Ejecutar además las posiciones 17, 14, 13 y 8 (este orden resulta muy efectivo).

DENTICIÓN: realizar las posiciones 1, 14 y 17. Imponer una mano sobre la boca o sobre la mejilla.

DEPRESIONES: tratamientos integrales seguidos de las posiciones 1, 4, 10 y 17.

DESCARGAS ELÉCTRICAS: tratar las muñecas como primera medida y llamar inmediatamente al médico (véase «Corazón» y «Shock»).

DESINTOXICACIÓN: tratamientos integrales asiduos durante varios días consecutivos, hasta que se produzcan las primeras reacciones curativas (por ejemplo, orina más oscura y con otro olor, sudor, defecaciones, reacciones cutáneas). El paciente debe beber mucha agua mineral, ducharse y reposar bastante. Ejecutar las posiciones 1, 5 a 10, 13, 14 y 17. El tratamiento de los hombros en su parte central, a ambos lados de la columna, da muy buenos resultados (si el paciente padece problemas de riñón o hígado, ¡es imprescindible consultar previamente con un médico o naturópata!).

DESMAYO: aplicar el reiki sobre la parte superior de los pulgares de los pies. Ejecutar posteriormente las posiciones 5, 8, 14 y 17.

DIABETES: posición especial para la diabetes (codos). Ejecutar las posiciones 1, 7, 9 y 17.

DIARREA: ejecutar las posiciones 6, 7, 8, 10 y 13.

DIENTES: los dientes poseen sus zonas reflejas correspondientes, que pueden ser tratadas cuando nos duelan o cuando haya caries. Incisivos: tratar los dedos pulgares de los pies. Colmillos: tratar los dedos índices de los pies. Molares anteriores: tratar los dedos medios de los pies. Molares posteriores: tratar los dedos anulares de los pies. Muelas del juicio: tratar los dedos meñiques de los pies. Los dientes están relacionados energéticamente con algunos órganos y regiones corporales que deberían tratarse en casos de enfermedades dentales. Cuando todos los dientes tengan caries, probablemente existirá una enfermedad metabólica profundamente arraigada que afecta a todos los sistemas del cuerpo. Para facilitar el tratamiento, voy a describir a continuación los órganos y regiones corporales que están relacionados energéticamente con cada diente. Incisivos: meridianos de los riñones y de la vejiga, sistema urogenital, oídos, senos frontal y accesorios, amígdalas faríngeas, coxis, chakra raíz. Colmillos: meridianos del hígado y de la vesícula biliar, ojos, caderas, vértebras dorsales, hipófisis, rodillas, amígdalas palatinas. Molares anteriores superiores:

meridianos de los pulmones y del intestino grueso, nariz, senos accesorios, bronquios, manos, hombros, rodillas, vértebras superiores de la columna vertebral, hipófisis y glándula timo. Molares anteriores inferiores (derecha e izquierda): laringe, glándulas mamarias, faringe, glándulas germinativas, ganglios linfáticos, rodillas, mandíbula y senos maxilares. Molares anteriores inferiores (derecha): meridiano del páncreas y del estómago. Molares anteriores inferiores (izquierda): meridianos del bazo y del estómago. Molares superiores (izquierda y derecha): mandíbula, senos maxilares, rodillas, tiroides, paratiroides, glándula mamaria. Molares superiores (derecha): meridianos del páncreas y del estómago. Molares superiores (izquierda): meridianos del bazo y del estómago. Molares inferiores (izquierda y derecha): meridianos de los pulmones y del intestino grueso, arterias y venas, nariz, senos accesorios, bronquios. Muelas del juicio superiores (izquierda y derecha): meridianos del corazón y del intestino delgado, oído medio, hombros, codos. Muelas del juicio superiores (derecha): sistema nervioso central, duodeno. Muelas del juicio superiores (izquierda): zona inferior del intestino delgado, yeyuno. Muelas del juicio inferiores (derecha e izquierda): meridianos del corazón y del intestino delgado, hombros, codos, oído medio. Muelas del juicio inferiores (derecha): zona inferior del intestino delgado. Muelas del juicio inferiores (izquierda); yeyuno. Además, existe una conexión energética entre los dientes y las vértebras de la espina dorsal.

DIGESTIÓN (TRASTORNOS DE LA): ejecutar las posiciones 4, 6, 8, 10, 11, 12, 14 y 16.

DOLORES (TRATAMIENTO LOCAL): realizar las posiciones 11 y 12. Dolores de huesos: una mano por debajo y otra por encima de la gran vértebra cervical. Dolores de cadera o en las piernas: aplicar el reiki en la espalda y en las caderas. Dolores en el brazo: ejecutar las posiciones 11 y 12, y aplicar el reiki en los hombros y los brazos. Dolores en las piernas: ejecutar las posiciones 13 y 14, y aplicar el reiki en las caderas.

ECZEMAS: tratamiento del pecho y de la parte superior de la espalda (véase también «Erupciones cutáneas»).

ENFERMEDADES VENÉREAS: ¡son enfermedades de declaración obligatoria y deben ser tratadas por un médico! Como medida complementaria se recomienda trabajar sobre los chakras 1°, 2° y 6° (véase también «Infecciones»).

ENFISEMA: tratamientos integrales. Aplicar el reiki sobre las clavículas, el tórax y la espalda. Ejecutar además las posiciones 5 y 17.

ENURESIS NOCTURNA: llevar a cabo las posiciones 5, 8, 10, 11 y 13. Convendrá que los padres o quienes cuiden al niño se sometan también a un tratamiento reiki.

EPILEPSIA (ATAQUES DE): ejecutar las posiciones 4, 5 y 8. Administrar igualmente la energía universal sobre las muñecas y sobre la parte de la columna vertebral que está situada entre los omóplatos.

EQUILIBRIO (PERTURBACIONES DEL): ejecutar las posiciones 3 y 6. Transmitir la energía poniendo ambas manos sobre el cráneo.

ERUPCIONES CUTÁNEAS: tratamiento integral. Realizar las posiciones 5, 6, 10, 12 y 13, y tratar directamente el 6° chakra (tercer ojo).

ESCLEROSIS MÚLTIPLE: aplicar la posición especial para la esclerosis múltiple. Trabajar además con el 6° chakra. Cuando haya disponibles dos canales reiki, uno pondrá las manos sobre la cabeza y el otro sobre las plantas de los pies. Se recomiendan tratamientos integrales y tratamientos locales de las partes afectadas. Ejecutar las posiciones 1, 4 y 8. Transmitir la energía vital entre los omóplatos (véase también «Infecciones»).

ESPALDA (DOLORES DE): tratamiento local. Llevar a cabo las posiciones 1, 11, 12, 15 y 17.

ESTÓMAGO (TRASTORNOS DEL): ejecutar las posiciones 6 y 8. En los casos crónicos, trabajar además sobre el 6° chakra y efectuar la posición 12.

ESTREÑIMIENTO: poner una mano bajo el ombligo y la otra bajo la nuca (véase «Digestión [trastornos de la]»).

FIEBRE: ejecutar las posiciones 1, 3, 5, 7 y 9. En caso de fiebre alta o muy persistente, complementar estas medidas con tratamientos integrales y con la realización de las posiciones 14 y 17. Una vez concluido el tratamiento, la temperatura suele ascender y acto seguido descender rápidamente (véase también «Infecciones»).

FIEBRE DEL HENO: ejecutar asiduamente las posiciones 1, 4, 10, 12, 13 y 16 (véase «Alergias»).

FRACTURAS: no tratar antes de la reducción, y cuando eso suceda, aplicar el reiki de forma local, frecuentemente y durante un tiempo prolongado. Ejecutar además las posiciones 1, 6, 14 y 17.

FRIGIDEZ: realizar las posiciones 1, 8 y 14. A continuación, trabajar sobre los chakras 2° y 5°. Con frecuencia las causas de los trastornos sexuales tienen que ver con los dos miembros de la pareja. Por lo tanto, convendrá tratarlos a ambos, aplicándoles tratamientos integrales aisduamente y trabajando sobre sus chakras.

FRÍO (PASAR): ejecutar las posiciones 1, 8, 13, 14 y 17. Si la persona pasa frío muy a menudo, sin que su temperatura se halle por debajo de lo normal, transmitirle la energía vital al 2° chakra.

GARGANTA (DOLORES DE): tratar localmente y aplicar el reiki sobre los pulgares de los pies.

GINGIVITIS: tratamiento local (véanse «Infecciones» y «Caries»).

GLAUCOMA: administrar la energía universal sobre la región ocular. Ejecutar las posiciones 1 y 5. Trabajar además sobre los chakras 2° y 6°. Finalmente, tratar los pulgares de los pies.

GOTA: aplicar el reiki sobre los puntos afectados. Practicar las posiciones 8, 12 y 13.

GRIPE: tratamientos integrales (véanse también los epígrafes «Infecciones», «Fiebre» y «Debilitamiento»).

HEMORRAGIAS: aplicar la fuerza reiki sobre la herida. Cuando existan pérdidas considerables, ejecutar además las posiciones 1, 5, 7, 13 y 17. ¡Recuerda que el reiki no debe sustituir a los primeros auxilios!

HEMORRAGIAS NASALES: tratamiento local y ejecución de las posiciones 4, 5 , 8, 11 y 12.

HEMORROIDES: tratamiento local y posiciones 6, 8, 11, 12, 14, 16 y 17.

HEPATITIS: tratamiento similar al indicado en los epígrafes «Infecciones» e «Hígado». Tratar además los chakras 10 y 3, y ejecutar la posición 12.

HERIDAS: tratamiento local, sin llegar a tocarlas (véase «*Shock*» y «Accidentes»).

HERIDAS DE ARMA BLANCA: tratamiento local. En caso de *shock*, realizar además las posiciones 8 y 13, y aplicar el reiki sobre los hombros.

HÍGADO (MOLESTIAS DEL): ejecutar las posiciones 6, 8 y 12.

HIPERACTIVIDAD: tratamientos integrales asiduos. Aplicar la fuerza vital sobre el cráneo. Ejecutar las posiciones 2, 3, 6 y 8. Trabajar sobre el 5º chakra.

HIPO: el paciente alza las manos y el canal reiki le pone sus manos, una encima de la otra, sobre el chakra del plexo solar. Si el hipo se produce muy a menudo, practicar además la posición 4.

HIPOGLUCEMIA: ejecutar las posiciones 6, 13 y la especial para la diabetes.

HISTERIA: aplicar el reiki sobre las muñecas. Más tarde, masajear intensamente las manos durante unos minutos. Transmitir la energía al individuo poniéndole las manos sobre el cráneo, transversalmente. Ejecutar las posiciones 8, 12 y 17 (véase también «Pánico»).

IMPOTENCIA: ejecutar las posiciones 1, 8, 10, 12 y 14. En los casos graves, aplicaciones sobre el 2° y 5° chakra. Con frecuencia las causas de los trastornos sexuales tienen que ver con los dos miembros de la pareja. Por lo tanto, convendrá tratarlos a ambos.

INFARTO DE MIOCARDIO: aplicar el reiki sobre las partes superior e inferior del vientre y ejecutar la posicion 13.

INFECCIONES: aplicaciones locales sobre el foco infeccioso. Ejecutar además las posiciones 7, 9, 10, 14 y 17. Cuando las infecciones sean graves o crónicas, incluir las posiciones 6 y 13, y tratar los ganglios linfáticos cercanos. Se recomienda igualmente trabajar el tercer ojo y equilibrar el conjunto de los chakras, en especial los números 1° y 6°. Utilizar la amatista y el cristal de roca.

INSENSIBILIDAD FÍSICA: colocar las manos entre la parte inferior de los omóplatos y la columna vertebral.

INSOMNIO: realizar las posiciones 1, 2, 8 y 10, y aplicar el reiki en la región de las clavículas. Cuando el insomnio sea crónico, trabajar además sobre el 3er chakra.

INTESTINO GRUESO (TRASTORNOS DEL): ejecutar las posiciones 4, 6, 7, 8, 10 y 14. Tratar además la parte interior de la tibia, desde la rodilla hasta el empeine.

INTOXICACIONES: llamar inmediatamente al médico (véase «Desintoxicación»).

JAQUECA: ejecutar las posiciones 10, 14 y 16 (véase también «Cabeza (dolores de)»).

LARINGE (MOLESTIAS EN LA): llevar a cabo la posición 5 y tratar la cara exterior de los pulgares de los pies. En casos crónicos, trabajar sobre el 5° chakra.

LEUCEMIA: tratamientos integrales asiduos. Ejecutar intensamente las posiciones 6, 8, 10, 14, 16 y 17. Trabajar sobre los chakras 1° y 2°.

MAREOS: ejecutar las posiciones 3, 6, 14 y 17. Colocar las manos sobre el cráneo, transversalmente.

MEDICAMENTOS (EFECTOS SECUNDARIOS O SATURACIÓN): cuando se estén tomando medicamentos químicos cuya eficacia dependa de su presencia continuada en el cuerpo (Macumar, Digitalis, etc.), no deberían aplicarse tratamientos integrales prolongados. No obstante, pueden ejecutarse las posiciones 5, 6, 13, 14, y 17 (véase también «Desintoxicación»). Si existe algún daño orgánico causado por los medicamentos, aplicar tratamientos integrales y tratar localmente la zona afectada.

MEMORIA: los fallos de memoria y la amnesia total se tratan colocando las manos transversalmente sobre el cráneo.

MENINGITIS: tratar los pulgares de los pies y las manos. Ejecutar además las posiciones 1, 2, 3 y 4 (véase también «Infecciones»).

MENSTRUACIÓN (DOLORES): ejecutar las posiciones 6, 8, 10, 12, 14, 16 y 17. Trabajar además sobre el 2° chakra. Las aplicaciones locales pueden acarrear calambres o dolores intensos. Cuando esto suceda, en lugar de realizar aplicaciones locales, practicar las posiciones 16 y 17.

METABOLISMO (TRASTORNOS DEL): tratamientos integrales (imprescindibles). Ejecutar además las posiciones 1, 5, 8, 14, y 17.

MUELAS (DOLORES DE): tratamiento local (véase «Caries» y «Dientes»).

NARIZ: tratamiento local. Ejecutar las posiciones 1, 6 y 9. Trabajar además sobre el 6° chakra. En los casos de sinusitis, añadir las posiciones 10, 12, 14 y 16, y trabajar sobre el 2° chakra.

NÁUSEAS: realizar las posiciones 6 y 8. Con las personas propensas a marearse durante los viajes, añadir además las posiciones 3 y 6, e imponerles las manos en la coronilla.

NERVIOS (ATAQUE DE): ejecutar las posiciones 1, 4, 8, 10, 11, 12, 14 y 17. Además, colocar ambas manos transversalmente sobre el cráneo.

NERVIOSISMO: aplicar la fuerza vital en la articulación de los pulgares de los pies y las manos, y transversalmente en el cráneo. Ejecutar además las posiciones 1, 5 y 8.

NEURALGIAS: tratamiento local y a través de las correspondientes zonas reflejas. Efectuar además las posiciones 1 y 17, y con particular intensidad la 16.

NEUROSIS: equilibrar los chakras con asiduidad. Averiguar qué chakra u órgano está provocando el trastorno y tratarlo. Ejecutar además las posiciones 5, 8, 12, y 17. Tratamientos integrales con periodicidad semanal.

NINFOMANÍA: realizar las posiciones 1, 5, 10 y 16. Trabajar los chakras 2° y 5°.

NUCA (DOLORES EN LA): aplicar el reiki sobre el punto dolorido y sobre las articulaciones de los pulgares de los pies. Ejecutar además las posiciones 8 y 10.

OÍDOS: ejecutar las posiciones 1, 5 y 17. Aplicar el reiki en las plantas de los pies, desde el hueco central hasta el extremo del pulgar.

OJOS (ENFERMEDADES DE LOS): posiciones 1, 2, 5, 10 y 17. Aplicar además la energía vital sobre los pulgares de los pies y las manos.

OPERACIONES: tratamiento integral previo a la intervención quirúrgica, insistiendo en las posiciones 8 y 9. Cuidados posteriores: tratamiento integral, reiki sobre las cicatrices y ejecución de las posiciones 6, 8, 12, 13, 14 y 17.

PÁNICO (FIEBRE DE CANDILEJAS): aplicar el reiki en la muñeca y la parte externa de las rodillas. Ejecutar las posiciones 4, 8, 12 y 13.

PARTO: aplicar tratamientos integrales antes del parto, añadiendo las posiciones 8, 10, 13 y 14. El reiki contribuye a la relajación de la futura madre, facilita la dilatación, reduce los dolores y ayuda al niño a colocarse en la posición ideal.

PELO (CAÍDA DEL): aplicación local. Ejecutar las posiciones 10, 13 y 16.

PESADEZ: tratamientos integrales. Insistir en las posiciones 6, 10, 14 y 17. Aplicar el reiki 10 cm por debajo de la rótula.

PESADILLAS: llevar a cabo las posiciones 2, 4, 8 y 10.

PESO (PROBLEMAS DE): ejecutar las posiciones 1, 5, 8, 10, 12, 14 y 16, y tratar los chakras 2º y 5º.

PIEL: aplicaciones locales y tratar el 2º chakra (véase también «Desintoxicación»).

PIERNAS: aplicaciones sobre el tercer ojo. Ejecutar además las posiciones 1, 14, 15, 16, 17, así como la posición específica para la ciática.

PIROSIS (ARDORES ESTOMACALES): ejecutar las posiciones 8 y 4.

PLEURITIS: tratamiento local. Aplicar el reiki bajo las axilas y ejecutar la posición 1 (véase también «Infecciones»)

POSTURA (VICIOS DE): Tratamiento del 5º chakra y de aquel otro que se encuentre más cerca del punto donde el problema sea más acusado. Tratar además la cara interna de los pies, desde el dedo pulgar hasta el talón.

PRÓSTATA: ejecutar las posiciones 1, 4, 10, 12, 14 y 16.

PULMONÍA: es imprescindible ir al médico. Como apoyo del tratamiento prescrito por el doctor, aplicar el reiki sobre el tórax y en la parte superior de la espalda. Tratar además las muñecas y las articulaciones de los pulgares. Sesiones diarias, nunca menos de 10 minutos (véase también «Infecciones»).

QUEMADURAS: tratamiento local, sin llegar a tocar la zona afectada. En casos graves, tratamientos integrales asiduos, insistiendo en las posiciones 1, 6, 9, 13, 14 y 17.

QUIMIOTERAPIA (EN CASOS DE CÁNCER): tratar antes de la sesión y unas horas después. Cuando el paciente esté sometido a una medicación constante, sólo deben hacerse tratamientos locales, ejecutando las posiciones 6, 7, 9, 10 y 13. En caso de que realice una única sesión, aplicar posteriormente varios tratamientos integrales seguidos de las posiciones mencionadas más arriba.

RABIA (ATAQUES DE): aplicar el reiki en las muñecas, en la parte superior de los pies y sobre la zona inferior de las tibias.

RESACA (POR INGESTIÓN ABUSIVA DE ALCOHOL U OTRAS DROGAS): aplicar el reiki sobre las articulaciones de los pies, a una distancia de unos 10 cm, y sobre la parte superior del segundo dedo de cada pie (véanse también «Desintoxicación», «Cabeza [dolores de]», «Náuseas» e «Indigestión»).

RESFRIADOS: Ejecutar las posiciones 1, 5 y 9 (véase también «Infecciones»).

RESPIRACIÓN (TRASTORNOS RESPIRATORIOS): realizar las posiciones 4, 9 y 17.

REUMA: tratamientos integrales. Ejecutar además las posiciones 8, 10, 13 y 15.

RIÑONES: ejecutar las posiciones 1, 10, 13, 14 y 16. En casos crónicos, trabajar además sobre el 2° chakra.

RODILLA (MOLESTIAS EN LA): ejecutar las posiciones 15, 17 y la específica para la ciática. Además, envolver cada una de las rodillas con ambas manos, para que el individuo pueda absorber la energía desde todos los ángulos. En caso de molestias crónicas, trabajar también los chakras 3° y 6°.

RONQUERA (AFONÍA): tratamiento local. En caso de afonía frecuente o crónica, trabajar sobre el 5° chakra.

SCHEUERMANN (ENFERMEDAD DE): tratamientos integrales. Aplicar el reiki sobre la espalda, ejecutar las posiciones 10, 14 y 17, y trabajar sobre el 1er chakra.

SHOCK: ejecutar las posiciones 8 y 13 como medida de primeros auxilios. Aplicaciones en los bordes de los hombros. Después de que el enfermo sea visto por el médico, tratamientos integrales e insistir en las posiciones 1, 4, 8, 10, 12, 14 y 17.

SIDA: imprescindible, tratamiento integral a diario. Ejecutar además las posiciones 8, 9, 10, 13, 14 y 17.

SOFOCOS: practicar las posiciones 8 y 10, y equilibrar los chakras 2° y 3°.

SORDERA: ejecutar las posiciones 3, 5 y 9. En casos graves, trabajar además sobre el 5° chakra.

SUDOR: llevar a cabo las posiciones 10, 13, 15, 16 y 17. Aplicar el reiki sobre las articulaciones de los dedos pulgares.

TABAQUISMO: para dejar de fumar, trabajar sobre los chakras 6° y 1°. Ejecutar además las posiciones 1, 4, 5, 6, 8, 10, 13 y 17.

TAQUICARDIA: tratar las muñecas y ejecutar las posiciones 5, 8 y 17.

TARTAMUDEO: aplicar el reiki bajo la clavícula, a la izquierda y a la derecha. Ejecutar además la posición 5.

TENDOVAGINITIS: tratamiento local. Cuando se dé a menudo, ejecutar las posiciones 1 y 5, y trabajar sobre el 6° chakra.

TENSIÓN SANGUÍNEA ALTA: realizar las posiciones 5, 6 y 17.

TENSIÓN SANGUÍNEA BAJA: ejecutar las posiciones 11, 12, 14 y 17.

TENSIONES MUSCULARES: tratamiento local. Efectuar además las posiciones 1, 8, 12 y 13. Cuando sean crónicas, trabajar sobre el 6° chakra.

TIROIDES: ejecutar las posiciones 1, 5, 9 y 12. Trabajar sobre el 5° chakra.

TORCEDURAS: ir al médico. Tratar localmente, de 15 a 20 minutos y dos o tres veces diarias.

TOS: aplicar el reiki sobre la parte superior de la espalda. Ejecutar además las posiciones 1, 5 y 9 (véase también «Infecciones»).

TRAUMAS CERVICALES: ejecutar las posiciones 4, 11, 14 y 17, colocando una mano por encima y otra por debajo de la gran vértebra cervical (véase «*Shock*»).

TUMORES EN EL PECHO: frecuentes tratamientos integrales. Ejecutar además las posiciones 10, 14 y 17. Es muy importante trabajar los chakras 2º y 4º.

ÚLCERAS: aplicaciones locales (¡es imprescindible que no haya contacto físico cuando afecten a la piel!). Úlceras de estómago: tratar también la parte superior del brazo, por la cara externa.

ÚLCERAS DEL DUODENO: tratamiento local. Ejecutar las posiciones 1, 6, 8 y 10 (véase «Infecciones»).

VEJIGA: realizar las posiciones 4, 10, 11, 14 y 16. Cuando los trastornos sean crónicos, tratar también el 2º chakra.

VENTOSIDADES: ejecutar las posiciones 4, 6, 7, 8. Además, aplicaciones locales sobre las articulaciones de los pies y en los talones.

Instrucciones para el uso de las TABLAS pendulares

Las tablas pendulares te ayudarán a averiguar cuáles son los tratamientos más eficaces en una situación determinada. También te servirán para ahondar en la búsqueda de las posibles causas de un problema, cuando te interese. Como ya he explicado en el texto (capítulo 7), con el tiempo podrás prescindir de estos medios auxiliares. Hasta que llegue ese momento, sin embargo, el péndulo y los oráculos te darán muy buenos consejos.

Encontrarás cuatro tablas estándar cuyo empleo siempre ha resultado muy útil, pero como es imposible incluir todas las alternativas en ellas, he añadido unas cuantas más con las casillas vacías. Puedes rellenarlas de acuerdo con tus propias ideas y necesidades. Verás que en todas las tablas hay una casilla donde figura el término «error». Esta casilla es importante, porque el péndulo la señalará siempre que la tabla no contenga la respuesta apropiada, o cuando existan otras razones que impidan que el péndulo conteste adecuadamente. Trabaja entonces con la «tabla de errores», con objeto de averiguar cuál es el obstáculo. Cuando utilices el péndulo en un asunto que te importe mucho personalmente, no olvides preguntarle a menudo si el resultado indicado es realmente fiable. En caso de duda pide ayuda a una persona que sepa utilizar el péndulo y que no esté implicada emocionalmente en el asunto. También puedes recurrir a otros oráculos, como el *I Ching*, el tarot o las runas, para descartar errores.

Quienes posean poca o ninguna experiencia en la utilización del péndulo pueden adquirirla asistiendo a cursos o leyendo libros sobre el tema. Es recomendable entrenarse durante algún tiempo con ejercicios fáciles antes de trabajar en asuntos importantes, ya que de lo contrario podría acarrear graves consecuencias.

Tablas pendulares

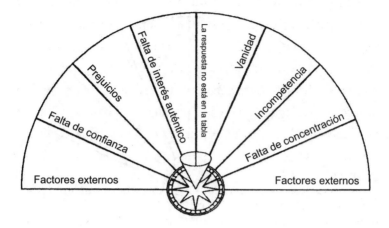

TABLA DE ERRORES

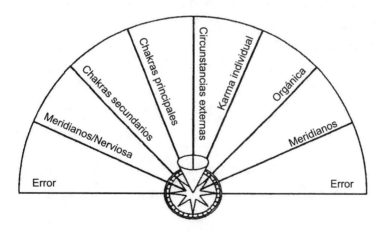

TABLA DE CAUSAS

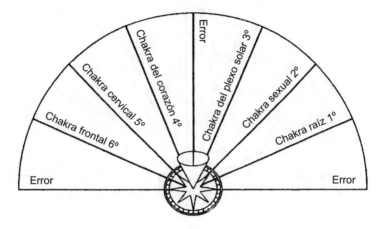

LOS SEIS CHAKRAS PRINCIPALES

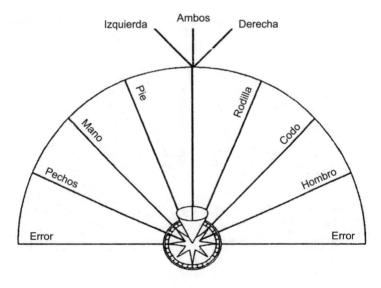

LOS CHAKRAS SECUNDARIOS

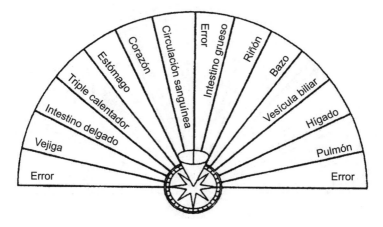

LOS DOCE MERIDIANOS

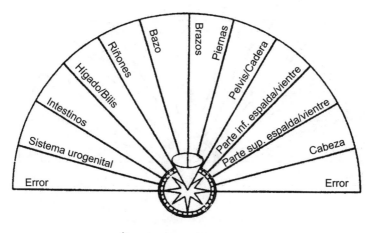

ÓRGANOS Y ZONAS CORPORALES

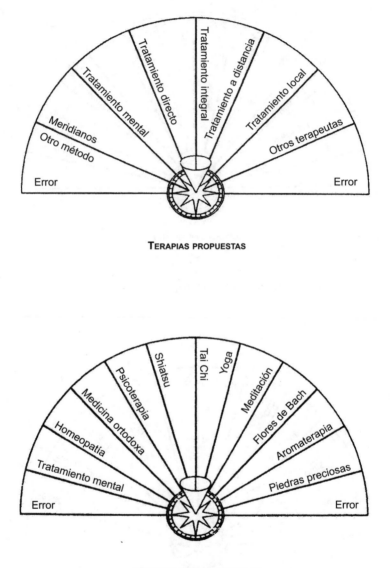

TERAPIAS PROPUESTAS

MÉTODOS COMPLEMENTARIOS

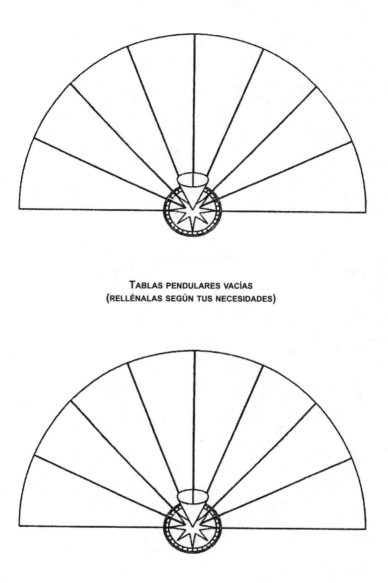

**TABLAS PENDULARES VACÍAS
(RELLÉNALAS SEGÚN TUS NECESIDADES)**

Limpieza energética
de las JOYAS

¡Nunca limpies tus joyas con sal! por mucho que te lo aconsejen. La limpieza con sal, más que beneficiar, perjudica, y puede incluso llegar a destruir totalmente determinadas piedras.

Hay diversos métodos:

1) Procurarse polvo de cuarzo en cantidad suficiente y exponerlo a los rayos solares durante varios días. La radiación del sol limpiará sus energías y lo cargará positivamente. Una vez hecho esto, enterrar las joyas en el polvo durante un día más o menos; para terminar, enjuagarlas con agua fría.

2) Poner las joyas bajo un chorro de agua fría, durante varios minutos. Cuanto más fría esté el agua, mejor, porque de esa manera absorberá más rápidamente las energías negativas de las alhajas.

3) Exponer las joyas a la luz solar durante varios días. Enjuagarlas posteriormente con un chorro de agua fría.

4) Limpiar las joyas combinando la fuerza reiki con una visualización. Envuélvelas con tus manos e imagina que las estás sumergiendo en las frías aguas cristalinas de un arroyo. Con tus ojos interiores, observa cómo el agua extrae las impurezas, como si fueran velos oscuros. Aguarda hasta que los velos oscuros se disipen y el agua imaginaria recupere su transparencia. Entonces tus joyas estarán limpias.

Antes de aplicar cualquiera de los métodos descritos, deberías asegurarte de que tu aura esté libre de energías perturbadoras, al menos la parte que cubre las manos y los brazos.

Regla básica: habría que limpiar a diario aquellas joyas que llevamos siempre con nosotros, sobre todo si tenemos muchos contactos o estamos expuestos con asiduidad a situaciones estresantes.

índice